MEDITATIONS of HAWAIʻI

Hanalei Pier, Kauaʻi

Nā Mokulua, two islets off the windward coast of Oʻahu, Lanikai Beach

MEDITATIONS of HAWAIʻI

Through Select Bible Verses from

Ka Baibala Hemolele
The Holy Bible

in English and Hawaiian

Mutual Publishing

Partners in Development Foundation
2040 Bachelot Street
Honolulu, HI 96817
Phone: (808) 595-2752
Fax: (808) 595-4932
Email: pid@pidfoundation.org
www.pidfoundation.org
www.baibala.org

ISBN: 978-1-949307-32-0
Library of Congress Control Number: 2022938077
First Printing, August 2022
Design and layout by Jane Gillespie

Mutual Publishing, LLC
1215 Center Street, Suite 210
Honolulu, Hawai'i 96816
Ph: (808) 732-1709
Fax: (808) 734-4094
Email: info@mutualpublishing.com
www.mutualpublishing.com

Printed in South Korea

Expanse of blue skies and waters
off O'ahu's southern coast

CONTENTS

Nēnē in a taro field in Hanalei Valley, Kaua'i

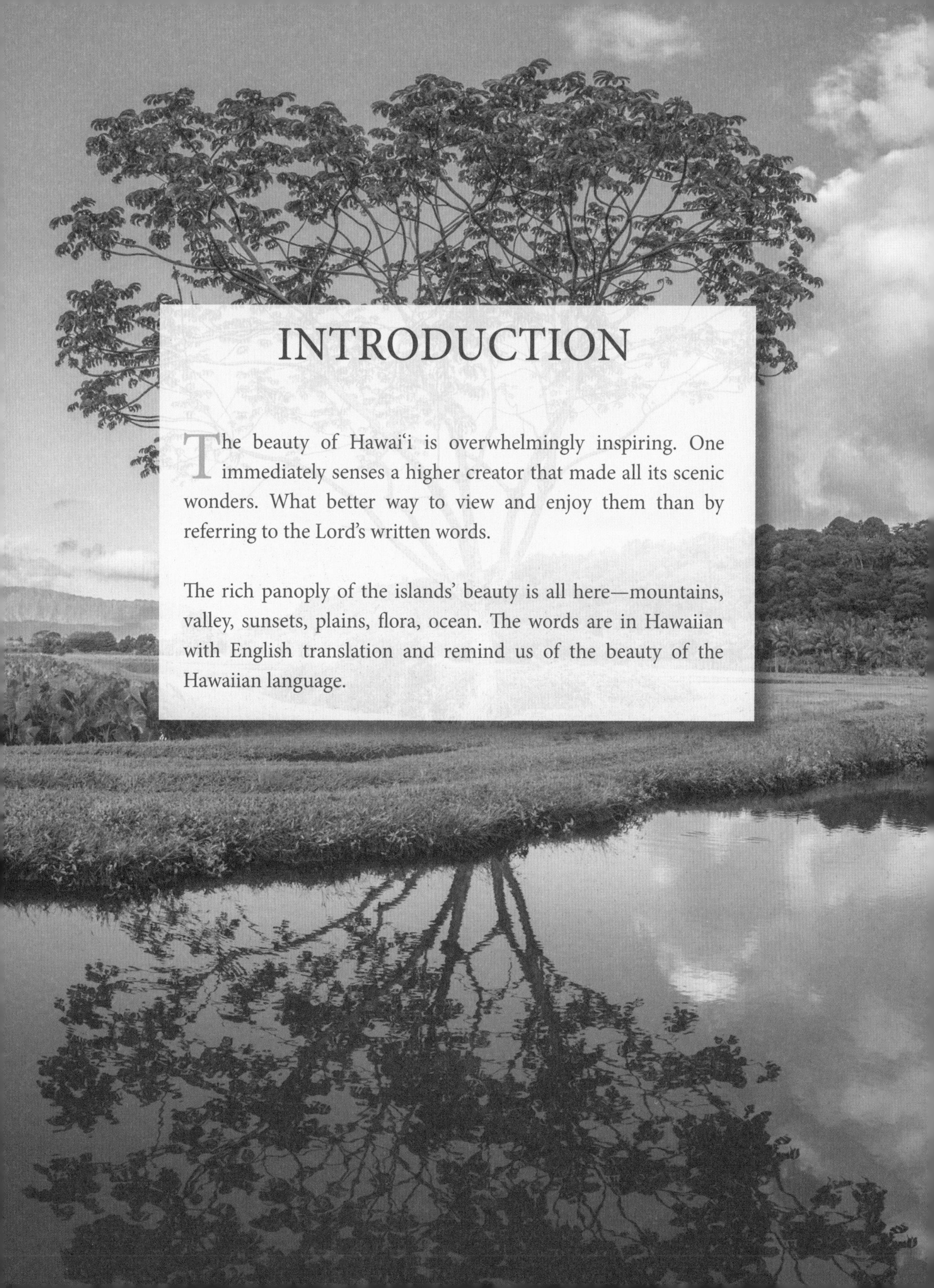

INTRODUCTION

The beauty of Hawai'i is overwhelmingly inspiring. One immediately senses a higher creator that made all its scenic wonders. What better way to view and enjoy them than by referring to the Lord's written words.

The rich panoply of the islands' beauty is all here—mountains, valley, sunsets, plains, flora, ocean. The words are in Hawaiian with English translation and remind us of the beauty of the Hawaiian language.

Sunrise at Haleakalā, Maui

IN THE BEGINNING

In the beginning God created the heavens and the earth.

The earth was formless and void, and darkness was over the surface of the deep, and the Spirit of God was moving over the surface of the waters.

Then God said, "Let there be light"; and there was light.

— GENESIS 1: 1–3

I kinohi hana ke Akua i ka lani a me ka honua.

He ʻano ʻole ka honua, ua ʻōlohelohe; a ma luna nō o ka hohonu ka pouli. Hoʻopūnana ihola ka ʻUhane o ke Akua ma luna o ka wai.

ʻĪ ihola ke Akua, "I mālamalama," a ua mālamalama aʻela.

— KINOHI 1: 1–3

God saw that the light was good; and God separated the light from the darkness.

God called the light day, and the darkness He called night. And there was evening and there was morning, one day.

—**GENESIS I: 4–5**

Nānā aʻela ke Akua i ka mālamalama, ua maikaʻi; a hoʻokaʻawale aʻela ke Akua ma waena o ka mālamalama a me ka pouli.

Kapa maila ke Akua i ka mālamalama, he Ao, a kapa mai hoʻi ia i ka pouli, he Pō. A ʻo ke ahiahi a me ke kakahiaka, ʻo ka lā mua ia.

—**KINOHI I: 4–5**

A blanket of clouds alight at sunrise, Haleakalā, Maui

Then God said, "Let there be an expanse in the midst of the waters, and let it separate the waters from the waters."

God made the expanse, and separated the waters which were below the expanse from the waters which were above the expanse; and it was so.

God called the expanse heaven. And there was evening and there was morning, a second day.

— **GENESIS 1: 6-8**

ʻĪ ihola ke Akua, "I aouli ma waena o nā wai, i mea hoʻokaʻawale i kekahi wai me kekahi wai."

Hana ihola ke Akua i ke aouli; a hoʻokaʻawale aʻela ia i ka wai ma lalo o ke aouli, me ka wai ma luna o ke aouli; a pēlā ʻiʻo nō.

Kapa ihola ke Akua i ke aouli, he Lani. A ʻo ke ahiahi a me ke kakahiaka, ʻo ka lua ia o ka lā.

— **KINOHI 1: 6-8**

Heavenly expanse of ocean and sky

Then God said, "Let the waters below the heavens be gathered into one place, and let the dry land appear"; and it was so.

God called the dry land earth, and the gathering of the waters He called seas; and God saw that it was good.

—GENESIS 1: 9–10

ʻĪ ihola ke Akua, "E hui pū nā wai ma lalo o ka lani i kahi hoʻokahi, i ʻikea ai kahi maloʻo"; a pēlā ʻiʻo nō.

Kapa ihola ke Akua i kahi maloʻo, he ʻĀina; a kapa ihola ʻo ia i nā wai i hui pū ʻia ai, ʻo nā Moana; a nānā aʻela ke Akua, ua maikaʻi.

—KINOHI 1: 9–10

Active creation of new land by erupting Kīlauea Volcano, Hawaiʻi Island

Lava flows into the sea at Hawai'i Volcanoes National Park, Hawai'i Island

Then God said, “Let the earth sprout vegetation, plants yielding seed, *and* fruit trees on the earth bearing fruit after their kind with seed in them”; and it was so.

The earth brought forth vegetation, plants yielding seed after their kind, and trees bearing fruit with seed in them, after their kind; and God saw that it was good.

There was evening and there was morning, a third day.

—GENESIS 1: 11–13

ʻĪ ihola ke Akua, “E hoʻoulu mai ka honua i ka mauʻu, a me ka lau nahele e hua ana i ka hua, a me ka lāʻau hua e hua ana hoʻi ma kona ʻano iho, i loko ona iho kona hua ma luna o ka honua”; a pēlā ʻiʻo nō.

A hoʻoulu maila ka honua i ka mauʻu, a me ka lau nahele e hua ana i ka hua ma kona ʻano iho, a me ka lāʻau e hua ana i ka hua, i loko ona kona hua ma kona ʻano iho; nānā ihola hoʻi ke Akua, ua maikaʻi.

A ʻo ke ahiahi a me ke kakahiaka, ʻo ke kolu ia o ka lā.

—KINOHI 1: 11–13

Hanalei Valley, Kaua'i (opposite page); rainforest at Hawai'i Volcanoes National Park (this page)

Then God said, "Let there be lights in the expanse of the heavens to separate the day from the night, and let them be for signs and for seasons and for days and years;

and let them be for lights in the expanse of the heavens to give light on the earth"; and it was so.

God made the two great lights, the greater light to govern the day, and the lesser light to govern the night; He *made* the stars also.

—GENESIS 1: 14–16

ʻĪ ihola ke Akua, "I mau mālamalama i loko o ke aouli o ka lani, i mea hoʻokaʻawale i ke ao a me ka pō; i mau hōʻailona lākou no nā kau, a no nā lā, a me nā makahiki;

i mau kukui hoʻi lākou i loko o ke aouli o ka lani, e hoʻomālamalama mai ai i ka honua"; a pēlā ʻiʻo nō.

Hana ihola ke Akua i nā mālamalama nui ʻelua: ʻo ka mālamalama nui, e aliʻi ai ma luna o ke ao, a ʻo ka mālamalama ʻuʻuku iho, e aliʻi ai ma luna o ka pō, a me nā hōkū hoʻi.

—KINOHI 1: 14–16

God placed them in the expanse of the heavens to give light on the earth,

and to govern the day and the night, and to separate the light from the darkness; and God saw that it was good.

There was evening and there was morning, a fourth day.

—GENESIS 1: 17–19

Kau akula ke Akua ia mau mea ma ke aouli o ka lani, e hoʻomālamalama mai ai i ka honua,

E hoʻoaliʻi hoʻi ma luna o ke ao a me ka pō, a e hoʻokaʻawale aʻe i ka mālamalama a me ka pouli; a nānā ihola ke Akua, ua maikaʻi.

A ʻo ke ahiahi a me ke kakahiaka, ʻo ka hā ia o ka lā.

—KINOHI 1: 17–19

Keck Observatory atop Mauna Kea, Hawaiʻi Island

Manta ray (this page); honu (sea turtle) and horses on Kauaʻi (opposite page)

Then God said, “Let the waters teem with swarms of living creatures, and let birds fly above the earth in the open expanse of the heavens.”

God created the great sea monsters and every living creature that moves, with which the waters swarmed after their kind, and every winged bird after its kind; and God saw that it was good.

God blessed them, saying, “Be fruitful and multiply, and fill the waters in the seas, and let birds multiply on the earth.”

There was evening and there was morning, a fifth day.

—GENESIS 1: 20–23

ʻĪ ihola ke Akua, “E hoʻohua nui mai nā wai i nā mea ola e holo ana, a me nā manu e lele aʻe ma luna o ka honua, ma ka lewa ākea o ka lani.”

Hana ihola ke Akua i nā iʻa nui, a me nā mea ola a pau e holo ana, a ka wai i hoʻohua nui mai ai ma ko lākou ʻano iho a me nā mea ʻēheu hoʻi a pau ma ko lākou ʻano iho; a nānā ihola ke Akua, ua maikaʻi.

Hoʻomaikaʻi ihola ke Akua ia mau mea, ʻī ihola, “E hoʻohua aʻe ʻoukou e hoʻolaha nui hoʻi, a e hoʻopiha i nā wai o nā moana; a e hoʻolaha aʻe nā manu ma luna o ka honua.”

ʻO ke kakahiaka a me ke ahiahi, ʻo ka lima ia o ka lā.

—KINOHI 1: 20–23

Then God said, "Let the earth bring forth living creatures after their kind: cattle and creeping things and beasts of the earth after their kind"; and it was so.

God made the beasts of the earth after their kind, and the cattle after their kind, and everything that creeps on the ground after its kind; and God saw that it was good.

—GENESIS 1: 24-25

ʻĪ ihola ke Akua, "E hoʻohua mai ka honua i ka mea ola ma kona ʻano iho, i ka holoholona laka, me ka mea kolo, a me ka holoholona hihiu ma kona ʻano iho"; a pēlā ʻiʻo nō.

Hana ihola ke Akua i ka holoholona hihiu ma kona ʻano iho, me nā holoholona laka ma ko lākou ʻano iho, a me nā mea kolo a pau o ka honua ma ko lākou ʻano iho; a nānā ihola ke Akua, ua maikaʻi.

—KINOHI 1: 24-25

Mules grazing off the coast of Moloka'i

Waikiki Beach, O'ahu

Then God said, "Let Us make man in Our image, according to Our likeness; and let them rule over the fish of the sea and over the birds of the sky and over the cattle and over all the earth, and over every creeping thing that creeps on the earth."

God created man in His own image, in the image of God He created him; male and female He created them.

—GENESIS 1: 26-27

ʻĪ ihola ke Akua, "E hana kākou i ke kanaka e kū iā kākou, ma ka like ʻana me kākou iho; a e hoʻoaliʻi iā ia ma luna o nā iʻa o ke kai, ma luna hoʻi o nā manu o ka lewa, ma luna hoʻi o nā holoholona laka, a ma luna hoʻi o ka honua a pau, a ma luna nō hoʻi o nā mea kolo a pau e kolo ana ma ka honua."

Hana ihola ke Akua i ke kanaka ma kona ʻano iho, ma ke ʻano o ke Akua ʻo ia i hana ai iā ia; hana maila ia i kāne a i wahine.

—KINOHI 1: 26-27

God blessed them; and God said to them, "Be fruitful and multiply, and fill the earth, and subdue it; and rule over the fish of the sea and over the birds of the sky and over every living thing that moves on the earth."

Then God said, "Behold, I have given you every plant yielding seed that is on the surface of all the earth, and every tree which has fruit yielding seed; it shall be food for you;

and to every beast of the earth and to every bird of the sky and to every thing that moves on the earth which has life, *I have given* every green plant for food"; and it was so.

God saw all that He had made, and behold, it was very good. And there was evening and there was morning, the sixth day.

—GENESIS 1: 28–31

Hoʻomaikaʻi maila ke Akua iā lāua, ʻī maila hoʻi ke Akua iā lāua, "E hoʻohua aʻe ʻolua, e hoʻolaha hoʻi, e hoʻopiha i ka honua, a e lanakila ma luna, a e noho aliʻi ma luna o nā iʻa o ke kai, a me nā manu o ka lewa, a me nā mea a pau e kolo ana ma luna o ka honua."

ʻĪ maila ke Akua, "Aia hoʻi, ua hāʻawi aku au na ʻolua i nā lau nahele a pau e hua ana i ka hua ma luna o ka honua a pau, a me nā lāʻau a pau i loko ona ka hua o ka lāʻau e hua ana i ka hua; he mea ʻai ia na ʻolua.

A na ka poʻe holoholona a pau o ka honua, me nā manu a pau o ka lewa, a me nā mea a pau e kolo ana ma ka honua, nā mea e ola ana, na lākou ka nāhelehele a pau i mea ʻai"; a pēlā ʻiʻo nō.

Nānā ihola ke Akua i nā mea a pau āna i hana ai, aia hoʻi, ua maikaʻi wale nō. A ʻo ke ahiahi a me ke kakahiaka, ʻo ke ono ia o ka lā.

—KINOHI 1: 28–31

(opposite page) Playful dolphins in Hawaiʻi's waters; a gold dust day gecko peeks out from behind a ti leaf; nēnē at Haleakalā on Maui

Hanalei Valley, Kauaʻi

ALOHA
Compassion ❦ Caring ❦ Love ❦ Affection

We love, because He first loved us.

—1 JOHN 4: 19

Ke aloha aku nei kākou iā ia; no ka mea, ua aloha mua mai kēlā iā kākou.

—IOANE I 4: 19

Love is patient, love is kind *and* is not jealous; love does not brag *and* is not arrogant,

does not act unbecomingly; it does not seek its own, is not provoked, does not take into account a wrong *suffered,*

does not rejoice in unrighteousness, but rejoices with the truth;

bears all things, believes all things, hopes all things, endures all things.

—1 CORINTHIANS 13: 4–7

ʻO ke aloha, ua hoʻomanawanui, a ua lokomaikaʻi; ʻaʻole pāonioni aku ke aloha; ʻaʻole haʻanui ke aloha, ʻaʻole haʻakei,

ʻaʻole hoʻi e hoʻohiehie, ʻaʻole ʻimi i kona mea iho, ʻaʻole hikiwawe ka huhū, ʻaʻole noʻonoʻo ʻino;

ʻaʻole i hauʻoli i ka hewa; akā, ua hauʻoli i ka pono.

Ua ahonui i nā mea a pau, ua manaʻo ʻoiaʻiʻo i nā mea a pau, ua manaʻolana i nā mea a pau, ua hoʻomanawanui i nā mea a pau.

—KORINETO I 13: 4–7

Great Frigatebirds

Let love *be* without hypocrisy. Abhor what is evil; cling to what is good.

Be devoted to one another in brotherly love; give preference to one another in honor.

—ROMANS 12: 9–10

ʻO ke aloha, mai hoʻokamani ia. E hoʻowahāwahā i ka ʻino; e hoʻopili aku i ka maikaʻi.

E launa aku hoʻi kekahi i kekahi, ma ke aloha hoahānau; e hoʻopakela aku kekahi i kekahi ma ka hoʻomaikaʻi ʻana.

—ROMA 12: 9–10

"A new commandment I give to you, that you love one another, even as I have loved you, that you also love one another.

By this all men will know that you are My disciples, if you have love for one another."

—JOHN 13: 34–35

"He kauoha hou ka'u e hā'awi aku nei iā 'oukou, e aloha aku 'oukou i kekahi i kekahi; e like me ka'u i aloha ai iā 'oukou, pēlā 'oukou e aloha aku ai i kekahi i kekahi.

Ma kēia mea e 'ike ai nā kānaka a pau, he po'e haumāna 'oukou na'u, ke aloha aku 'oukou i kekahi i kekahi."

—IOANE 13: 34–35

White coral rocks on black lava rocks, Hawaiʻi Island (opposite); coconut trees on Kauaʻi (this page)

Young hula dancers

See how great a love the Father has bestowed on us, that we would be called children of God; and *such* we are. For this reason the world does not know us, because it did not know Him.

—1 JOHN 3: 1

Eia hoʻi, manomano ke aloha a ka Makua i hāʻawi mai ai iā kākou, i kapa ʻia mai ai kākou he poʻe keiki na ke Akua; no ia mea, ʻaʻole i ʻike mai ko ke ao nei iā kākou; no ka mea, ʻaʻole lākou i ʻike iā ia.

—IOANE I 3: 1

Beloved, let us love one another, for love is from God; and everyone who loves is born of God and knows God.

The one who does not love does not know God, for God is love.

—1 JOHN 4: 7–8

E nā punahele, e aloha kākou i kekahi i kekahi; no ka mea, no ke Akua mai ke aloha; ʻo ka mea e aloha aku ana ua hoʻohānau ʻia mai ia e ke Akua, a ua ʻike nō ʻo ia i ke Akua.

ʻO ka mea e aloha ʻole ana, ʻaʻole ia i ʻike aku i ke Akua; no ka mea, he aloha ke Akua.

—IOANE I 4: 7–8

Above all, keep fervent in your love for one another, because love covers a multitude of sins.

Be hospitable to one another without complaint.

As each one has received a *special* gift, employ it in serving one another as good stewards of the manifold grace of God.

—1 PETER 4: 8–10

Eia ka mea ʻoi ma mua o nā mea a pau, ʻo ka pumahana o ke aloha i waena o ʻoukou; no ka mea, ʻo ke aloha ka mea e uhi ai i nā hewa he nui loa.

E hoʻokipa maikaʻi ʻoukou i kekahi i kekahi, me ka ʻōhumu ʻole.

E like me ka haʻawina i loaʻa mai i kekahi a me kekahi, pēlā e hāʻawi aku ai kekahi i kekahi, e like me nā puʻukū pono o ko ke Akua lokomaikaʻi ʻano ʻē.

—PETERO I 4: 8–10

Hawaiian Green Sea Turtle

But the fruit of the Spirit is love, joy, peace, patience, kindness, goodness, faithfulness,

gentleness, self-control; against such things there is no law.

—GALATIANS 5: 22–23

Owe nothing to anyone except to love one another; for he who loves his neighbor has fulfilled *the* law.

—ROMANS 13: 8

"For God so loved the world, that He gave His only begotten Son, that whoever believes in Him shall not perish, but have eternal life."

—JOHN 3: 16

Let all that you do be done in love.

—1 CORINTHIANS 16: 14

Akā, ʻo ka hua na ka ʻUhane, ʻo ia ke aloha, ka ʻoliʻoli, ke kuʻikahi, ke ahonui, ka lokomaikaʻi, ka maikaʻi, ka manaʻoʻiʻo,

ke akahai, ka pākiko; ʻaʻohe kānāwai pāpā mai ia mau mea.

—GALATIA 5: 22–23

Mai noho a ʻaiʻē wale i kā kekahi, ʻanoʻai ma ke aloha i kekahi i kekahi; no ka mea, ʻo ka mea i aloha iā haʻi, ʻo ia ke mālama i ke kānāwai.

—ROMA 13: 8

"No ka mea, ua aloha nui mai ke Akua i ko ke ao nei; no laila, ua hāʻawi mai ʻo ia i kāna Keiki hiwahiwa, i ʻole e make ka mea manaʻoʻiʻo iā ia; akā, e loaʻa iā ia ke ola mau loa."

—IOANE 3: 16

E hana ʻia ko ʻoukou mea a pau me ke aloha.

—KORINETO I 16: 14

Haleakalā, Maui

BLESSINGS

Every good thing given and every perfect gift is from above, coming down from the Father of lights, with whom there is no variation or shifting shadow.

—JAMES 1: 17

ʻO nā haʻawina maikaʻi a pau a me nā makana hemolele a pau, no luna mai ia i iho mai ai no ka Makua mai o ka mālamalama, ʻaʻole ona ʻano hou, ʻaʻole loa ia e luli iki.

—IAKOBO 1: 17

Waterfall on the road to Hāna, Maui

"Give, and it will be given to you. They will pour into your lap a good measure—pressed down, shaken together, *and* running over. For by your standard of measure it will be measured to you in return."

—LUKE 6: 38

"E hā'awi aku, a e hā'awi 'ia mai iā 'oukou, me ke ana pono i kaomi 'ia iho, i pili pū i ka ho'olulilulí 'ia a hanini i waho, e hā'awi mai ai lākou i loko o ko 'oukou poli; no ka mea, me ke ana a 'oukou e ana aku ai, pēlā nō e ana 'ia mai ai no 'oukou."

—LUKA 6: 38

"He will love you and bless you and multiply you; He will also bless the fruit of your womb and the fruit of your ground, your grain and your new wine and your oil, the increase of your herd and the young of your flock, in the land which He swore to your forefathers to give you."

—DEUTERONOMY 7: 13

"A e aloha mai ia iā 'oe, a e ho'opōmaika'i mai iā 'oe, a e ho'omāhuahua mai iā 'oe; e ho'opōmaika'i mai ho'i ia i ka hua o kou 'ōpū, a me ka hua o kou 'āina, i kāu palaoa a me kou waina, a me kou 'aila, a me ka hānau 'ana o kāu po'e bipi, a me kāu po'e hipa, ma ka 'āina āna i ho'ohiki ai i kou mau kūpuna e hā'awi mai iā 'oe."

—KĀNĀWAI LUA 7: 13

And my God will supply all your needs according to His riches in glory in Christ Jesus.

—PHILIPPIANS 4: 19

Akā, e hā'awi mai ana ko'u Akua i nā mea a pau e pono ai 'oukou, no kona waiwai i kahi nani ma o Kristo Iesū lā.

—PILIPI 4: 19

"Bring the whole tithe into the storehouse, so that there may be food in My house, and test Me now in this," says the LORD of hosts, "if I will not open for you the windows of heaven and pour out for you a blessing until it overflows."

—MALACHI 3: 10

"E lawe mai i nā waiwai hapa'umi a pau i loko o ka hale ahu waiwai, i 'ai ma loko o ko'u hale; a e ho'ā'o mai 'oukou ia'u ma ia mea," wahi a Iēhova o nā kaua, "i wehe ai paha au i nā puka wai o ka lani, a e ninini iho i ka pōmaika'i ma luna o 'oukou, a lawa a hū."

—MALAKI 3: 10

How blessed is the man who does not walk in the counsel of the wicked,
Nor stand in the path of sinners,
Nor sit in the seat of scoffers!

But his delight is in the law of the LORD,
And in His law he meditates day and night.

He will be like a tree *firmly* planted by streams of water,
Which yields its fruit in its season
And its leaf does not wither;
And in whatever he does, he prospers.

—PSALM 1: 1–3

Pōmaikaʻi ke kanaka i hele ʻole ma ke aʻo ʻia o ka poʻe ʻaiā,
I kū ʻole hoʻi ma ka ʻaoʻao o ka poʻe hewa,
I noho ʻole hoʻi ma ka noho o ka poʻe haʻakei!

Akā, ma ke kānāwai o Iēhova kona ʻoliʻoli;
A ma kona kānāwai ʻo ia i manaʻo ai i ke ao a me ka pō.

E like nō ia me ka lāʻau i kanu ʻia ma nā kahawai,
I hoʻohua mai i kona hua i kona manawa;
A ʻo kona lau hoʻi ʻaʻole e mae;
A ʻo kona mea e hana ai e pono ana nō ia.

—HALELŪ 1: 1–3

Hawaiʻi Island (opposite page)

THE BEATITUDES

When Jesus saw the crowds, He went up on the mountain; and after He sat down, His disciples came to Him.

He opened His mouth and began to teach them, saying,

"Blessed are the poor in spirit, for theirs is the kingdom of heaven.

"Blessed are those who mourn, for they shall be comforted.

"Blessed are the gentle, for they shall inherit the earth.

"Blessed are those who hunger and thirst for righteousness, for they shall be satisfied.

"Blessed are the merciful, for they shall receive mercy.

ʻIke aʻela ʻo Iesū i ka nui o nā kānaka, piʻi akula ia i kekahi mauna; a noho ihola ia, hele akula kāna mau haumāna i ona lā.

ʻOaka aʻela kona waha, aʻo maila ʻo ia iā lākou, ʻī maila,

"Pōmaikaʻi ka poʻe i haʻahaʻa ka naʻau; no ka mea, no lākou ke aupuni o ka lani.

"Pōmaikaʻi ka poʻe e ʻū ana; no ka mea, e hōʻoluʻolu ʻia aku lākou.

"Pōmaikaʻi ka poʻe akahai; no ka mea, e lilo ka honua iā lākou.

"Pōmaikaʻi ka poʻe pōloli, a make wai no ka pono; no ka mea, e hoʻomāʻona ʻia lākou.

"Pōmaikaʻi ka poʻe i aloha aku; no ka mea, e aloha ʻia mai lākou.

Taro fields, Kauaʻi

"Blessed are the pure in heart, for they shall see God.

"Blessed are the peacemakers, for they shall be called sons of God.

"Blessed are those who have been persecuted for the sake of righteousness, for theirs is the kingdom of heaven.

"Blessed are you when people insult you and persecute you, and falsely say all kinds of evil against you because of Me.

Rejoice and be glad, for your reward in heaven is great; for in the same way they persecuted the prophets who were before you."

—MATTHEW 5: 1–12

"Pōmaikaʻi ka poʻe i maʻemaʻe ma ka naʻau; no ka mea, e ʻike lākou i ke Akua.

"Pōmaikaʻi ka poʻe ʻuao; no ka mea, e ʻī ʻia lākou he poʻe keiki na ke Akua.

"Pōmaikaʻi ka poʻe i hoʻomaʻau ʻia mai no ka pono; no ka mea, no lākou ke aupuni o ka lani.

"E pōmaikaʻi ana nō ʻoukou, ke hōʻino mai kānaka iā ʻoukou, ke hoʻomaʻau mai nō hoʻi; a noʻu nei, e ʻōlelo wahaheʻe mai ai iā ʻoukou i nā mea ʻino a pau.

"E hauʻoli ʻoukou, e ʻoliʻoli nui hoʻi; no ka mea, he nui ka uku no ʻoukou ma ka lani; pēlā lākou, i hoʻomaʻau aku ai i ka poʻe kāula ma mua o ʻoukou."

—MATAIO 5: 1–12

North Shore, Oʻahu

FAITH

And He got up and rebuked the wind and said to the sea, "Hush, be still." And the wind died down and it became perfectly calm.

—MARK 4: 39

A laila kū aʻela ia i luna, pāpā aʻela i ka makani, a ʻōlelo aʻela i ka moana wai, "Hāmau, e noho mālie." Oki ihola ka makani, a pohu maikaʻi ihola.

—MAREKO 4: 39

Kalalau Trail along Nāpali Coast, Kaua'i

Let us draw near with a sincere heart in full assurance of faith, having our hearts sprinkled *clean* from an evil conscience and our bodies washed with pure water.

Let us hold fast the confession of our hope without wavering, for He who promised is faithful.

—HEBREWS 10: 22–23

E hoʻokokoke kākou me ka maopopo loa o ka manaʻoʻiʻo, a me ka naʻau ʻoiaʻiʻo, me ka huikala ʻia ʻo ko kākou naʻau kaumaha i ka hewa, a me ka holoi ʻia ʻo ko kākou kino me ka wai maʻemaʻe.

E hoʻopaʻa kākou i ka manaʻolana a kākou i haʻi aku ai me ka luli ʻole; no ka mea, he kūpaʻa ʻiʻo ko ka Mea nāna i haʻi mua mai ka pono.

—HEBERA 10: 22–23

Now faith is the assurance of *things* hoped for, the conviction of things not seen.

For by it the men of old gained approval.

By faith we understand that the worlds were prepared by the word of God, so that what is seen was not made out of things which are visible.

—HEBREWS 11: 1–3

ʻO ka manaʻoʻiʻo, ʻo ka hilinaʻi ʻana nō ia ma nā mea i manaʻolana ʻia ai, a ʻo ka hoʻomaopopo ʻana hoʻi o nā mea i ʻike maka ʻole ʻia.

No ia hoʻi, i hoʻāpono ʻia mai ai ka poʻe kahiko.

Ma ka manaʻoʻiʻo ua ʻike kākou ua hana ʻia ka lani a me ka honua e ka ʻōlelo a ke Akua, ʻo nā mea i nānā ʻia, ʻaʻole nō i loko mai o nā mea i ʻike ʻia.

—HEBERA 11: 1–3

My son, do not forget my teaching,
But let your heart keep my commandments;

For length of days and years of life
And peace they will add to you.

Do not let kindness and truth leave you;
Bind them around your neck,
Write them on the tablet of your heart.

So you will find favor and good repute
In the sight of God and man.

Trust in the LORD with all your heart
And do not lean on your own understanding.

In all your ways acknowledge Him,
And He will make your paths straight.

—PROVERBS 3: 1-6

E kuʻu keiki, mai haʻalele ʻoe i koʻu kānāwai, E waiho hoʻi i kaʻu mau kauoha ma kou naʻau.

No ka mea, ʻo ia ka mea e nui ai nā lā a me nā makahiki o kou ola ʻana,
A ʻo ka malu hoʻi e hāʻawi ʻia iā ʻoe.

I ʻole e haʻalele iā ʻoe ka lokomaikaʻi a me ke aloha;
E hāwele ia mau mea ma kou ʻāʻī;
E kākau hoʻi ma ka papa o ka naʻau.

Pēlā e loaʻa ai ka lokomaikaʻi a me ka ʻike ʻoiaʻiʻo,
I mua o Iēhova a me nā kānaka.

E paulele iā Iēhova me kou naʻau a pau;
Mai hilinaʻi hoʻi ma kou naʻauao iho.

Ma kou ʻaoʻao a pau iā ia nō ʻoe e nānā aku ai,
A nāna nō e hoʻopololei i kou hele ʻana.

—NA SOLOMONA 3: 1-6

And though you have not seen Him, you love Him, and though you do not see Him now, but believe in Him, you greatly rejoice with joy inexpressible and full of glory,

obtaining as the outcome of your faith the salvation of your souls.

—1 PETER 1: 8-9

Ka Mea a ʻoukou i ʻike maka ʻole ai, a ua makemake nō naʻe; a me ka ʻike ʻole aku iā ia, ua manaʻoʻiʻo aku nō naʻe ʻoukou iā ia me ka hauʻoli i ka ʻoliʻoli nani pau ʻole i ka haʻi ʻia aku;

e loaʻa mai ana ka hope o ko ʻoukou manaʻoʻiʻo, ʻo ke ola o ko ʻoukou poʻe ʻuhane.

—PETERO I 1: 8-9

Pipiwai Trail, Kipahulu, Maui

Nāpali, Kaua'i

And He *said to them, "Because of the littleness of your faith; for truly I say to you, if you have faith the size of a mustard seed, you will say to this mountain, 'Move from here to there,' and it will move; and nothing will be impossible to you."

—MATTHEW 17: 20

ʻĪ maila ʻo Iesū iā lākou, "No ko ʻoukou manaʻoʻiʻo ʻole. He ʻoiaʻiʻo kaʻu e ʻōlelo aku nei iā ʻoukou, inā he like ko ʻoukou manaʻoʻiʻo me kekahi hua mākeke, a ʻōlelo aku paha ʻoukou i kēia mauna, 'E neʻe aku ʻoe i ʻō,' a e neʻe aku nō ia; ʻaʻole mea hiki ʻole iā ʻoukou."

—MATAIO 17: 20

But someone may *well* say, "You have faith and I have works; show me your faith without the works, and I will show you my faith by my works."

—JAMES 2: 18

A e ʻī mai kekahi, "ʻO ka manaʻoʻiʻo kou, a naʻu hoʻi ka hana ʻana; e hōʻike mai ʻoe iaʻu i kou manaʻoʻiʻo me kāu hana ʻole, a ma kaʻu hana ʻana e hōʻike aku ai au iā ʻoe i kuʻu manaʻoʻiʻo."

—IAKOBO 2: 18

Waimea Canyon, Kaua'i

HOPE

Now may the God of hope fill you with all joy and peace in believing, so that you will abound in hope by the power of the Holy Spirit.

—ROMANS 15: 13

Na ke Akua nona mai ka manaʻolana e hoʻopiha iā ʻoukou me ka ʻoliʻoli, a me ka malu i ka manaʻoʻiʻo ʻana, i nui ai hoʻi ko ʻoukou manaʻolana ʻana ma ka mana o ka ʻUhane Hemolele.

—ROMA 15: 13

Maui

For in hope we have been saved, but hope that is seen is not hope; for who hopes for what he *already* sees?

No ka mea, ua hoʻōla ʻia kākou i loko o ka manaʻolana. A ʻo ka manaʻolana i ka mea i ʻike maka ʻia ʻaʻole ia he manaʻolana; no ka mea, ʻo ka mea a ke kanaka i ʻike maka aku ai, pehea lā ia e manaʻolana hou aku ai ma ia mea?

But if we hope for what we do not see, with perseverance we wait eagerly for it.

—ROMANS 8: 24–25

Akā, inā e manaʻolana aku kākou i ka mea a kākou i ʻike maka ʻole ai, ua kali kākou ia me ka hoʻomanawanui.

—ROMA 8: 24–25

Therefore, having been justified by faith, we have peace with God through our Lord Jesus Christ,

No ia mea, i hoʻāpono ʻia mai kākou ma ka manaʻoʻiʻo, he malu ko kākou me ke Akua, ma ko kākou Haku ʻo Iesū Kristo;

through whom also we have obtained our introduction by faith into this grace in which we stand; and we exult in hope of the glory of God.

ma ona lā hoʻi i loaʻa mai ai iā kākou ka hoʻokipa ʻia ma ka manaʻoʻiʻo, i loko o kēia hoʻopōmaikaʻi ʻia, kahi e kū nei kākou, a e hauʻoli hoʻi me ka manaʻolana i ka nani o ke Akua.

And not only this, but we also exult in our tribulations, knowing that tribulation brings about perseverance;

ʻAʻole ia wale nō, ke hauʻoli nei nō hoʻi kākou i nā pōpilikia; ke ʻike nei, e hana ana ka pōpilikia i ke ahonui;

and perseverance, proven character; and proven character, hope;

a ʻo ke ahonui i ka hoʻāʻo ʻana; a ʻo ka hoʻāʻo ʻana i ka manaʻolana;

and hope does not disappoint, because the love of God has been poured out within our hearts through the Holy Spirit who was given to us.

—ROMANS 5: 1–5

a ʻo ua manaʻolana lā ʻaʻole ia i hoʻohilahila; no ka mea, ua ninini ʻia mai ke aloha i ke Akua i loko o ko kākou mau naʻau e ka ʻUhane Hemolele, i hāʻawi ʻia mai iā kākou.

—ROMA 5: 1–5

Let us hold fast the confession of our hope without wavering, for He who promised is faithful.

—HEBREWS 10: 23

E hoʻopaʻa kākou i ka manaʻolana a kākou i haʻi aku ai me ka luli ʻole; no ka mea, he kūpaʻa ʻiʻo ko ka Mea nāna i haʻi mua mai ka pono.

—HEBERA 10: 23

Be strong and let your heart take courage,

All you who hope in the LORD.

—PSALM 31: 24

E hoʻolana ʻoukou, a e hoʻoikaika mai ʻo ia i ko ʻoukou naʻau,
E ka poʻe a pau e hilinaʻi ana iā Iēhova.

—HALELŪ 31: 24

"Having a hope in God, which these men cherish themselves, that there shall certainly be a resurrection of both the righteous and the wicked."

—ACTS 24: 15

"Ke lana nei koʻu manaʻo i ke Akua, ua ʻae mai nō hoʻi lākou i kēia, i ke ala hou ʻana o ka poʻe make, ʻo ka poʻe pono a me ka poʻe pono ʻole."

—ʻOIHANA 24: 15

New life growing out of hardened lava at Hawaiʻi Volcanoes National Park

Kāʻanapali Beach, Maui

For whatever was written in earlier times was written for our instruction, so that through perseverance and the encouragement of the Scriptures we might have hope.

—ROMANS 15: 4

No ka mea, ʻo nā mea a pau i palapala ʻē ʻia ma mua, ua palapala ʻia ia i mea e aʻo mai ai iā kākou, i loaʻa iā kākou ka manaʻolana ma ke ahonui, a me ka hōʻoluʻolu ʻana o ka Palapala Hemolele.

—ROMA 15: 4

JOY

This is the day which the LORD has made;
Let us rejoice and be glad in it.

—PSALM 118: 24

ʻO kēia nō ka lā a Iēhova i hana ai,
E hauʻoli kākou, a e leʻaleʻa i laila.

—HALEŪ 118: 24

Humpback whale, Maui

"For you will go out with joy
And be led forth with peace;
The mountains and the hills will break forth into shouts of joy before you,
And all the trees of the field will clap *their* hands."

—ISAIAH 55: 12

"No ka mea, e puka aku auane'i 'oukou me ka 'oli'oli,
A e alaka'i 'ia aku 'oukou me ka malu;
E ho'okani i ke 'oli nā kuahiwi, a me nā mauna i mua o 'oukou,
A e pa'ipa'i lima ho'i nā lā'au a pau o ke kula."

—'ISAIA 55: 12

But let all who take refuge in You be glad,
Let them ever sing for joy;
And may You shelter them,
That those who love Your name may exult in You.

—PSALM 5: 11

E hau'oli ka po'e a pau i hilina'i aku iā 'oe;
E hō'oli'oli mau nō ho'i no kou mālama 'ana mai iā lākou;
A e 'oli'oli 'i'o ho'i iā 'oe ka po'e i makemake i kou inoa.

—HALELŪ 5: 11

"The LORD your God is in your midst,
A victorious warrior.
He will exult over you with joy,
He will be quiet in His love,
He will rejoice over you with shouts of joy."

—ZEPHANIAH 3: 17

"'O Iēhova 'o kou Akua i waena ou,
He mana kona, e ho'ōla mai ana 'o ia;
E 'oli'oli auane'i 'o ia nou me ka hau'oli,
E noho mālie 'o ia i kona aloha,
E hau'oli 'o ia nou me ka mele 'ana."

—ZEPANIA 3: 17

Therefore if there is any encouragement in Christ, if there is any consolation of love, if there is any fellowship of the Spirit, if any affection and compassion,

make my joy complete by being of the same mind, maintaining the same love, united in spirit, intent on one purpose.

—PHILIPPIANS 2: 1–2

No laila, inā he mea e malu ai i loko o Kristo, inā paha he ʻoluʻolu i ke aloha, inā hoʻi he hoʻolauna pū ma ka ʻUhane, inā hoʻi he aloha o ka naʻau a me ka lokomaikaʻi,

e hoʻokō mai ʻoukou i kuʻu ʻoliʻoli, i like pū ai hoʻi ko ʻoukou manaʻo, hoʻokahi hoʻi ke aloha, hoʻokahi nō hoʻi naʻau, e manaʻo hoʻokahi ana.

—PILIPI 2: 1–2

Windward Oʻahu

"Truly, truly, I say to you, that you will weep and lament, but the world will rejoice; you will grieve, but your grief will be turned into joy.

Whenever a woman is in labor she has pain, because her hour has come; but when she gives birth to the child, she no longer remembers the anguish because of the joy that a child has been born into the world.

Therefore you too have grief now; but I will see you again, and your heart will rejoice, and no one *will* take your joy away from you."

—JOHN 16: 20–22

"ʻOiaʻiʻo, he ʻoiaʻiʻo kaʻu e ʻōlelo aku nei iā ʻoukou, e uē auaneʻi ʻoukou, a e kanikau hoʻi; akā, e ʻoliʻoli nō ke ao nei; a e kaumaha auaneʻi ʻoukou; akā, e hoʻolilo ʻia ko ʻoukou kaumaha i ʻoliʻoli.

ʻO ka wahine hānau keiki, he ʻehaʻeha kona; no ka mea, ua hiki mai kona hora; a i hānau ʻia ke keiki, ʻaʻohe ona manaʻo hou i ka pōpilikia, no ka ʻoliʻoli i ka hānau ʻia ʻo ke kanaka i loko o ke ao nei.

A he ʻehaʻeha ko ʻoukou i kēia manawa; akā, e ʻike hou auaneʻi au iā ʻoukou, a ʻoliʻoli ko ʻoukou naʻau, ʻaʻole kekahi e kāʻili aku i ko ʻoukou ʻoliʻoli mai o ʻoukou aku."

—IOANE 16: 20–22

Shout for joy, O heavens! And rejoice, O earth!
Break forth into joyful shouting, O mountains!
For the LORD has comforted His people
And will have compassion on His afflicted.

—ISAIAH 49: 13

E ʻoli ʻoukou, e nā lani, e hauʻoli hoʻi, e ka honua;
E hoʻokani i ke ʻoli, e nā mauna;
No ka mea, ua hoʻomaha mai ʻo Iēhova i kona poʻe kānaka
A e aloha mai nō hoʻi ia i kona poʻe i hoʻopilikia ʻia.

—ʻISAIA 49: 13

Let the heavens be glad, and let the earth
rejoice;
Let the sea roar, and all it contains;

Let the field exult, and all that is in it.
Then all the trees of the forest will sing for
joy.

—PSALM 96: 11–12

E ʻoliʻoli mai ka lani,
E hauʻoli hoʻi ka honua;
E halulu mai ka moana a me kona mea e
piha ai.

E hoʻōho mai nā kula a me nā mea a pau i
loko o laila;
A laila e hauʻoli mai nā lāʻau a pau o ka ulu
lāʻau.

—HALELŪ 96: 11–12

North Shore, Oʻahu

Kaua'i

KŌKUA

Comfort § Assist § Help § Support

"And if you give yourself to the hungry
And satisfy the desire of the afflicted,
Then your light will rise in darkness
And your gloom *will become* like midday."

—ISAIAH 58: 10

"Inā hū aku kou ʻuhane i ka poʻe pōloli,
A hoʻomāʻona hoʻi ʻoe i ka ʻuhane o ka poʻe
pōpilikia;
A laila, e puka mai nō kou mālamalama
ma loko o ka pouli,
A e like auaneʻi kou pouli me ke awakea."

—ʻISAIA 58: 10

Diamond Head Lighthouse, Oʻahu

Blessed *be* the God and Father of our Lord Jesus Christ, the Father of mercies and God of all comfort,

E hoʻomaikaʻi ʻia ke Akua, ka Makua o ko kākou Haku ʻo Iesū Kristo, ʻo ka Makua nona ke aloha, a ʻo ke Akua hoʻi nona ka ʻoluʻolu a pau;

who comforts us in all our affliction so that we will be able to comfort those who are in any affliction with the comfort with which we ourselves are comforted by God.

—2 CORINTHIANS 1: 3–4

nāna mākou e hōʻoluʻolu mai i nā pilikia a pau o mākou, i hiki iā mākou ke hōʻoluʻolu aku i ka poʻe i loko o nā pilikia a pau, ma ka ʻoluʻolu o mākou i hōʻoluʻolu ʻia mai ai e ke Akua.

— KORINETO II 1: 3–4

"Come to Me, all who are weary and heavy-laden, and I will give you rest."

—MATTHEW 11: 28

"E hele mai ʻoukou a pau loa i oʻu nei, e ka poʻe luhi a me ka poʻe kaumaha, naʻu ʻoukou e hoʻomaha aku."

—MATAIO 11: 28

"And He will wipe away every tear from their eyes; and there will no longer be *any* death; there will no longer be *any* mourning, or crying, or pain; the first things have passed away."

—REVELATION 21: 4

"A na ke Akua nō e holoi i nā waimaka a pau, mai ko lākou maka aku; ʻaʻole he make hou aku, ʻaʻole kaumaha, ʻaʻole uē, ʻaʻole hoʻi he mea e ʻeha ai; no ka mea, ua pau nā mea kahiko i ka lilo aku."

—HŌʻIKE ʻANA 21: 4

He heals the brokenhearted
And binds up their wounds.

—PSALM 147: 3

Hoʻomaha mai nō ʻo ia i ka poʻe naʻau
haehae,
A wahī nō hoʻi ʻo ia i ko lākou mau ʻeha.

—HALELŪ 147: 3

THE LORD IS MY SHEPHERD

<table>
<tr><td>The LORD is my shepherd,
I shall not want.</td><td>ʻO Iēhova koʻu kahu hipa;
ʻAʻole oʻu mea e nele ai.</td></tr>
<tr><td>He makes me lie down in green pastures;
He leads me beside quiet waters.</td><td>Nāna nō wau i hoʻomoe iho ma nā ʻāina uliuli;
Ua alakaʻi ʻo ia iaʻu ma kapa wailana mālie.</td></tr>
<tr><td>He restores my soul;
He guides me in the paths of righteousness
For His name's sake.</td><td>Ke hoʻāla mai nei ʻo ia i koʻu ʻuhane;
Ke alakaʻi nei nō ʻo ia iaʻu ma nā ala maikaʻi no kona inoa.</td></tr>
<tr><td>Even though I walk through the valley of the shadow of death,
I fear no evil, for You are with me;
Your rod and Your staff, they comfort me.</td><td>ʻOiaʻiʻo, inā e hele au ma ke awāwa malu o ka make,
ʻAʻole au e weliweli i ka pōʻino; no ka mea, ʻo ʻoe pū kekahi me aʻu;
ʻO kou mana, a me kou koʻokoʻo, ʻo koʻu mau mea ia e ʻoluʻolu ai.</td></tr>
<tr><td>You prepare a table before me in the presence of my enemies;
You have anointed my head with oil;
My cup overflows.</td><td>Ke hoʻomākaukau mai nei ʻoe i ka papa ʻaina naʻu ma ke alo o koʻu mau ʻenemi;
Ua kāhinu mai ʻoe i kuʻu poʻo me ka ʻaila;
Ua piha a hū koʻu kīʻaha.</td></tr>
<tr><td>Surely goodness and lovingkindness will follow me all the days of my life,
And I will dwell in the house of the LORD forever.</td><td>ʻOiaʻiʻo, e hahai mau ana iaʻu ka pono a me ke aloha i nā lā a pau o koʻu ola ʻana;
A ma loko o ka hale o Iēhova ʻo wau e noho mau loa aku ai.</td></tr>
<tr><td>—PSALM 23: 1–6</td><td>—HALELŪ 23: 1–6</td></tr>
</table>

Saddle Road, Hawai'i Island

Honu being cleaned by fish

"You shall generously give to him, and your heart shall not be grieved when you give to him, because for this thing the LORD your God will bless you in all your work and in all your undertakings.

"E ʻoiaʻiʻo nō, e hāʻawi aku ʻoe nāna, ʻaʻole e minamina kou naʻau i kou hāʻawi ʻana aku nāna; no ka mea, ʻo ia ka mea e hoʻopōmaikaʻi mai ai ʻo Iēhova kou Akua iā ʻoe ma kāu hana ʻana a pau, a ma nā mea a pau a kou lima e lawe ai.

For the poor will never cease *to be* in the land; therefore I command you, saying, 'You shall freely open your hand to your brother, to your needy and poor in your land.'"

—DEUTERONOMY 15: 10–11

No ka mea, ʻaʻole e pau ka poʻe ʻilihune ma ka honua; no laila, ke kauoha aku nei au iā ʻoe, i ka ʻī ʻana aku, 'E wehe loa ʻoe i kou lima i kou hoahānau, i kou poʻe ʻilihune, a me kou poʻe nele ma kou ʻāina.'"

—KĀNĀWAI LUA 15: 10–11

And He also went on to say to the one who had invited Him, "When you give a luncheon or a dinner, do not invite your friends or your brothers or your relatives or rich neighbors, otherwise they may also invite you in return and *that* will be your repayment.

ʻŌlelo maila ia i ka mea nāna ia i kono, "A i hana ʻoe i ka ʻahaʻaina awakea, a i ka ʻahaʻaina ahiahi paha, mai kiʻi aku ʻoe i kou mau hoaaloha, ʻaʻole i kou mau hoahānau, ʻaʻole hoʻi i kou mau hoalauna waiwai, o kiʻi hou mai lākou iā ʻoe, a e uku ʻia mai ʻoe.

But when you give a reception, invite *the* poor, *the* crippled, *the* lame, *the* blind,

Akā, i ka wā e hana ai ʻoe i ka ʻahaʻaina, e kiʻi aku ʻoe i ka poʻe ʻilihune, i ka poʻe mumuku, i ka poʻe ʻoʻopa, a me ka poʻe makapō;

and you will be blessed, since they do not have *the means* to repay you; for you will be repaid at the resurrection of the righteous."

—LUKE 14: 12–14

a e pōmaikaʻi auaneʻi ʻoe; no ka mea, ʻaʻole a lākou mea e uku mai ai iā ʻoe; no ka mea hoʻi, e uku ʻia nō ʻoe i ke ala hou ʻana o ka poʻe pono."

—LUKA 14: 12–14

Taro field in Hanalei, Kaua'i

KULEANA

Responsibility & Privilege

Now he who plants and he who waters are one; but each will receive his own reward according to his own labor.

—1 CORINTHIANS 3: 8

ʻO ka mea nāna i kanu, a me ka mea nāna i hoʻokahe ka wai, hoʻokahi nō lāua; a e loaʻa nō i kēlā kanaka i kēia kanaka kona uku, e like me kāna hana ʻana.

—KORINETO I 3: 8

But if anyone does not provide for his own, and especially for those of his household, he has denied the faith and is worse than an unbeliever.

—1 TIMOTHY 5: 8

A i hoʻolako ʻole kekahi i kona a me ko ka hale ponoʻī ona iho nō hoʻi, ua hōʻole ia i ka manaʻoʻiʻo, a ua ʻoi aku kona hewa i ko ka mea manaʻoʻiʻo ʻole.

—TIMOTEO I 5: 8

For we hear that some among you are leading an undisciplined life, doing no work at all, but acting like busybodies.

Now such persons we command and exhort in the Lord Jesus Christ to work in quiet fashion and eat their own bread.

But as for you, brethren, do not grow weary of doing good.

—2 THESSALONIANS 3: 11–13

Ua lohe hoʻi mākou, ē, aia hoʻi i waena o ʻoukou kekahi poʻe e hele hōkai ana, ʻaʻole e hana maoli ana; akā, he poʻe hana lapuwale.

A o ia poʻe, ʻo kā mākou ia e kauoha aku nei me ka hoʻoikaika aku, ma ko kākou Haku, ma o Iesū Kristo lā, e hana maoli lākou me ka noho mālie, a e ʻai hoʻi i kā lākou ʻai ponoʻī iho.

ʻO ʻoukou hoʻi, e nā hoahānau, mai hoʻonāwaliwali i ka hana pono ʻana.

—TESALONIKE II 3: 11–13

"But I tell you that every careless word that people speak, they shall give an accounting for it in the day of judgment.

For by your words you will be justified, and by your words you will be condemned."

—MATTHEW 12: 36–37

"Ke ʻōlelo aku nei au iā ʻoukou, ʻʻO nā hua ʻōlelo ʻino a pau a nā kānaka e ʻōlelo ai, e hoʻokolokolo ʻia ana lākou ia mea, i ka lā e hoʻokolokolo ai.'

No ka mea, ma kāu mau ʻōlelo e hoʻāpono ʻia ai ʻoe, a ma kāu mau ʻōlelo e hoʻāhewa ʻia ai ʻoe."

—MATAIO 12: 36–37

Red bananas growing wild in a Hawai'i Island rainforest

Ubiquitous Kauaʻi roosters

PARABLE OF THE TALENTS

"For *it is* just like a man *about* to go on a journey, who called his own slaves and entrusted his possessions to them.

"Ua like hoʻi ia me ke kanaka e hele ana, hōʻuluʻulu aʻela ia i kāna poʻe kauā, a hāʻawi akula iā lākou i nā kumu kūʻai nona.

To one he gave five talents, to another, two, and to another, one, each according to his own ability; and he went on his journey.

Hāʻawi akula ia i nā tālena ʻelima no kekahi, i ʻelua hoʻi no kekahi, a i hoʻokahi hoʻi no kekahi; i kēlā mea i kēia mea e like me kona akamai; a laila, hele koke akula ia.

Immediately the one who had received the five talents went and traded with them, and gained five more talents.

A ʻo ka mea iā ia nā tālena ʻelima, hele akula ia, a kūʻai aku me ia kumu, a loaʻa mai iā ia nā tālena hou ʻelima.

In the same manner the one who *had received* the two *talents* gained two more.

Pēlā hoʻi ka mea iā ia nā tālena ʻelua; loaʻa mai nō hoʻi iā ia nā tālena hou ʻelua.

But he who received the one *talent* went away, and dug a *hole* in the ground and hid his master's money.

Akā, ʻo ka mea iā ia ke tālena hoʻokahi, hele akula ia, ʻeli ihola ma ka lepo, a hūnā ihola i ka moni a kona haku.

Now after a long time the master of those slaves *came and *settled accounts with them.

A liʻuliʻu akula, hoʻi maila ka haku o ua mau kauā lā, a ʻōlelo hoʻākāka pū ihola me lākou.

The one who had received the five talents came up and brought five more talents, saying, 'Master, you entrusted five talents to me. See, I have gained five more talents.'

Hele maila ka mea iā ia nā tālena ʻelima, a lawe pū maila me ia i nā tālena hou ʻelima, ʻī maila, 'E ka haku, ua hāʻawi mai ʻoe iaʻu i nā tālena ʻelima; eia hoʻi ia me nā tālena hou ʻelima aʻu i loaʻa ai.'

His master said to him, 'Well done, good and faithful slave. You were faithful with a few things, I will put you in charge of many things; enter into the joy of your master.'

ʻĪ akula kona haku iā ia, 'Pono, e ke kauā maikaʻi, mālama pono; he pono kou mālama ʻana i nā mea he ʻuʻuku, e hoʻonoho nō au iā ʻoe ma luna o nā mea he nui loa. E komo aʻe ʻoe i loko o ka ʻoliʻoli o kou haku.'

Also the one who *had received* the two talents came up and said, 'Master, you entrusted two talents to me. See, I have gained two more talents.'

His master said to him, 'Well done, good and faithful slave. You were faithful with a few things, I will put you in charge of many things; enter into the joy of your master.'

And the one also who had received the one talent came up and said, 'Master, I knew you to be a hard man, reaping where you did not sow and gathering where you scattered no *seed.*

And I was afraid, and went away and hid your talent in the ground. See, you have what is yours.'

But his master answered and said to him, 'You wicked, lazy slave, you knew that I reap where I did not sow and gather where I scattered no *seed.*

Then you ought to have put my money in the bank, and on my arrival I would have received my *money* back with interest.

Therefore take away the talent from him, and give it to the one who has the ten talents.'

For to everyone who has, *more* shall be given, and he will have an abundance; but from the one who does not have, even what he does have shall be taken away."

—MATTHEW 25: 14–29

Hele maila hoʻi ka mea iā ia nā tālena ʻelua, ʻī maila, ʻE ka haku, ua hāʻawi mai ʻoe iaʻu i nā tālena ʻelua; eia hoʻi ia me nā tālena hou ʻelua aʻu i loaʻa ai.'

ʻĪ akula kona haku iā ia, ʻPono, e ke kauā maikaʻi, mālama pono; he pono kou mālama ʻana i nā mea he ʻuʻuku, e hoʻonoho nō au iā ʻoe ma luna o nā mea he nui loa. E komo aʻe ʻoe i loko o ka ʻoliʻoli o kou haku.'

Hele maila hoʻi ka mea iā ia ke tālena hoʻokahi, ʻī maila, ʻE ka haku, ua ʻike nō au iā ʻoe he kanaka ʻoʻoleʻa, e ʻoki ana ma kahi āu i lūlū ʻole aku ai, a e ʻohi ana ma kahi āu i kānana ʻole aku ai.

Makaʻu ihola au, a hele akula, hūnā ihola au i kāu tālena ma ka lepo; eia mai nō kāu.'

ʻŌlelo akula kona haku iā ia, ʻī akula, ʻE ke kauā loko ʻino, hana ʻole, ua ʻike anei ʻoe e ʻoki ana au ma kahi aʻu i lūlū ʻole aku ai; a e ʻohi ana au ma kahi aʻu i kānana ʻole ʻia?

ʻI laila kāu pono e waiho aku i kaʻu moni me ka poʻe kūʻai moni, a i koʻu hoʻi ʻana mai, a laila loaʻa mai iaʻu kaʻu me ka uku hoʻopaneʻe.

ʻE lawe aʻe i ke tālena mai ona aku, a e hāʻawi aku na ka mea iā ia nā tālena he ʻumi.'

ʻO ka mea ua loaʻa iā ia, e hāʻawi hou ʻia nāna a nui loa; akā, ʻo ka mea ua loaʻa ʻole iā ia, e lawe ʻia aʻe ka mea iā ia."

—MATAIO 25: 14–29

North Shore, Maui

Koʻolau mountain range, Oʻahu

KŪPAʻA

Steadfast ∮ Constant ∮ Immovable

Therefore, my beloved brethren, be steadfast, immovable, always abounding in the work of the Lord, knowing that your toil is not *in* vain in the Lord.

—1 CORINTHIANS 15: 58

No ia mea, e nā hoahānau, e kūpaʻa ʻoukou, me ka nāueue ʻole, me ka hoʻomau i kā ʻoukou hana nui ʻana i ka hana a ka Haku; no ka mea, ua ʻike nō ʻoukou, ʻaʻole i makehewa kā ʻoukou hana ʻana ma ka Haku.

—KORINETO I 15: 58

Consider it all joy, my brethren, when you encounter various trials,

knowing that the testing of your faith produces endurance.

And let endurance have *its* perfect result, so that you may be perfect and complete, lacking in nothing.

—JAMES 1: 2–4

E nā hoahānau oʻu, e manaʻo ʻoukou, he mea ʻoliʻoli wale nō, ke loʻohia ʻoukou e kēlā mea kēia mea e hoʻāʻo mai ai;

ua ʻike nō hoʻi ʻoukou, ʻo ka hoʻāʻo ʻana mai i ko ʻoukou manaʻoʻiʻo, ʻo ia ka mea e māhuahua ai ke ahonui.

E hoʻomau ʻoukou ma ka mea kūpono i ke ahonui, i lako ʻoukou, a i hemolele hoʻi, ʻaʻole wahi hemahema iki.

—IAKOBO 1: 2–4

New life growing out of lava, Hawaiʻi Volcanoes National Park

Red-billed Tropicbird

He gives strength to the weary,
And to *him who* lacks might He increases power.

Though youths grow weary and tired,
And vigorous young men stumble badly,

Yet those who wait for the LORD
Will gain new strength;
They will mount up *with* wings like eagles,
They will run and not get tired,
They will walk and not become weary.

—ISAIAH 40: 29–31

Nāna nō i hāʻawi i ka ikaika i ka mea i maʻule;
A ʻo ka mea ikaika ʻole, hoʻomāhuahua nō ia i ka ikaika.

E maʻule auaneʻi ka poʻe uʻi, a e māloʻeloʻe hoʻi,
E kūlanalana loa nō nā kānaka hou;

Akā, ʻo ka poʻe hilinaʻi aku iā Iēhova, e ulu hou nō ko lākou ikaika;
E piʻi ʻēheu aku nō lākou i luna, e like me nā ʻaito;
E holo nō lākou, ʻaʻole hoʻi e māloʻeloʻe,
E hele mua nō lākou, ʻaʻole hoʻi e maʻule.

—ʻISAIA 40: 29–31

Blessed is a man who perseveres under trial; for once he has been approved, he will receive the crown of life which *the Lord* has promised to those who love Him.

—JAMES 1: 12

Pōmaikaʻi wale ke kanaka, ke kūpaʻa ia i ka hoʻowalewale ʻia mai; no ka mea, a pau kona hoʻāʻo ʻia mai, e loaʻa auaneʻi iā ia ka lei o ke ola i ʻōlelo ʻia mai ai e ka Haku no ka poʻe e aloha aku ana iā ia.

—IAKOBO 1: 12

Waimea Bay, Oʻahu

"My God, my rock, in whom I take refuge,
My shield and the horn of my salvation,
my stronghold and my refuge;
My savior, You save me from violence."

—2 SAMUEL 22: 3

"ʻO ke Akua ʻo koʻu pōhaku, e paulele aku au ma luna ona;
ʻO ia koʻu pale kaua, a me ka pepeiaohao o koʻu ola,
ʻO ia koʻu hale kiaʻi kiʻekiʻe, ʻo kuʻu puʻuhonua, a me kuʻu hoʻōla;
Ke hoʻōla mai nei ʻoe iaʻu, i ke kolohe ʻia."

—SAMUʻELA II 22: 3

Finally, be strong in the Lord and in the strength of His might.

Put on the full armor of God, so that you will be able to stand firm against the schemes of the devil.

For our struggle is not against flesh and blood, but against the rulers, against the powers, against the world forces of this darkness, against the spiritual *forces* of wickedness in the heavenly *places.*

Therefore, take up the full armor of God, so that you will be able to resist in the evil day, and having done everything, to stand firm.

—EPHESIANS 6: 10–13

Eia hoʻi, e nā hoahānau oʻu, i ikaika ʻoukou ma ka Haku, a ma ka ikaika o kona mana.

E ʻaʻahu iho ʻoukou i ke kāhiko a pau a ke Akua, i hiki iā ʻoukou ke kūpaʻa i mua o nā hana maʻalea a ka diabolō.

No ka mea, ʻaʻole kākou e hākōkō ana me ka mea ʻiʻo a me ka mea koko; akā, me nā aliʻi, nā mea ikaika, nā haku o ka pouli o kēia ao, a me nā ʻuhane ʻino o ka lewa.

No ia hoʻi, e lawe ʻoukou i ke kāhiko a pau a ke Akua, i pono iā ʻoukou ke kūpaʻa, ke hiki mai ka lā ʻino; a pau aʻela nā mea i ka hana ʻia, e kūpaʻa ʻoukou.

—ʻEPESO 6: 10–13

It was for freedom that Christ set us free; therefore keep standing firm and do not be subject again to a yoke of slavery.

—GALATIANS 5: 1

No ia mea, e kūpaʻa ʻoukou i loko a ke ola a Kristo i hoʻōla mai ai iā kākou, ʻaʻole hoʻi e paʻa hou ʻoukou ma lalo o ka ʻauamo hoʻoluhi.

—GALATIA 5: 1

Hawai'i Volcanoes National Park coastline, Hawai'i Island

Lanikai, Oʻahu

Now may the God who gives perseverance and encouragement grant you to be of the same mind with one another according to Christ Jesus,

so that with one accord you may with one voice glorify the God and Father of our Lord Jesus Christ.

Therefore, accept one another, just as Christ also accepted us to the glory of God.

—ROMANS 15: 5–7

A na ke Akua nona mai ke ahonui, a me ka hōʻoluʻolu ʻana, e hāʻawi iā ʻoukou i manaʻo like kekahi me kekahi ma muli o Kristo Iesū;

i hoʻonani aku ʻoukou me ka lōkahi o ka manaʻo, a me ka leo hoʻokahi i ke Akua, i ka Makua hoʻi o ko kākou Haku ʻo Iesū Kristo.

No laila e lokomaikaʻi aku kekahi i kekahi, me Kristo hoʻi i lokomaikaʻi mai ai iā ʻoukou, i hoʻonani ʻia ai ke Akua.

—ROMA 15: 5–7

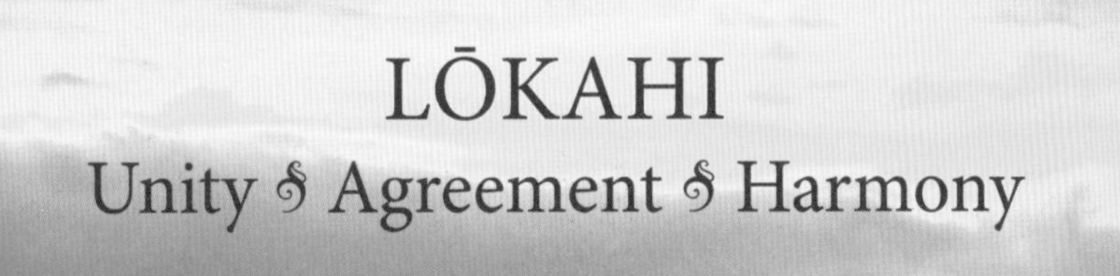

LŌKAHI

Unity § Agreement § Harmony

Beyond all these things *put on* love, which is the perfect bond of unity.

—COLOSSIANS 3: 14

A ʻo ke aloha kekahi, ma luna iho o nēia mau mea a pau, ʻo ia ka mea hemolele e paʻa pono ai.

—KOLOSA 3: 14

Make my joy complete by being of the same mind, maintaining the same love, united in spirit, intent on one purpose.

—PHILIPPIANS 2: 2

E hoʻokō mai ʻoukou i kuʻu ʻoliʻoli, i like pū ai hoʻi ko ʻoukou manaʻo, hoʻokahi hoʻi ke aloha, hoʻokahi nō hoʻi naʻau, e manaʻo hoʻokahi ana.

—PILIPI 2: 2

Siblings watch the sunset together on the North Shore of Oʻahu

Two are better than one because they have a good return for their labor.

For if either of them falls, the one will lift up his companion. But woe to the one who falls when there is not another to lift him up.

—ECCLESIASTES 4: 9–10

Ua ʻoi aku ka maikaʻi o nā mea ʻelua ma mua o ka mea hoʻokahi; no ka mea, iā lāua ka uku maikaʻi no kā lāua hana ʻana.

No ka mea, inā e hāʻule kekahi, e hoʻāla kekahi i kona hoa; akā, auē hoʻi ka mea hoʻokahi i kona hāʻule ʻana; no ka mea, ʻaʻohe mea nāna ia e hoʻāla mai.

—KE KAHUNA 4: 9–10

Sandpipers on Maui

Outrigger canoe, Lanikai Beach, O'ahu

And if one member suffers, all the members suffer with it; if *one* member is honored, all the members rejoice with it.

—1 CORINTHIANS 12: 26

A inā pōʻino kekahi lālā, ua pōʻino pū nō nā lālā a pau; a inā i hoʻomaikaʻi ʻia kekahi lālā, ua ʻoliʻoli pū nā lālā a pau.

—KORINETO I 12: 26

If we say that we have fellowship with Him and *yet* walk in the darkness, we lie and do not practice the truth;

but if we walk in the Light as He Himself is in the Light, we have fellowship with one another, and the blood of Jesus His Son cleanses us from all sin.

—1 JOHN 1: 6–7

Inā e ʻōlelo kākou, ua aloha pū kākou me ia, a hele hoʻi ma ka pouli, ua wahaheʻe kākou, ʻaʻole kākou i hana ma ka ʻoiaʻiʻo.

Akā, inā i hele kākou ma ka mālamalama e like me ia e noho lā ma ka mālamalama, a laila, ua aloha pū kākou i kekahi i kekahi; a na ke koko o Iesū Kristo ʻo kāna Keiki, e huikala mai iā kākou i ko kākou hewa a pau.

—IOANE I: 6–7

Finally, brethren, rejoice, be made complete, be comforted, be like-minded, live in peace; and the God of love and peace will be with you.

—2 CORINTHIANS 13: 11

Eia ke oki, e nā hoahānau, aloha ʻoukou; i hemolele ʻoukou, i ʻoluʻolu hoʻi, i hoʻokahi ko ʻoukou manaʻo, e noho ʻoukou me ke kuʻikahi; a ʻo ke Akua nona ke aloha a me ke kuʻikahi e noho pū me ʻoukou.

—KORINETO II 13: 11

Let all bitterness and wrath and anger and clamor and slander be put away from you, along with all malice.

Be kind to one another, tender-hearted, forgiving each other, just as God in Christ also has forgiven you.

—EPHESIANS 4: 31–32

E hoʻokaʻawale ʻia nā mea ʻawaʻawa a pau mai o ʻoukou aku, a me ka inaina, ka huhū, ka ʻuā, ka ʻōlelo ʻino, a me ka manaʻo ʻino a pau.

E lokomaikaʻi ʻoukou i kekahi i kekahi, e aloha aku me ka naʻau, e kala ana hoʻi kekahi i kekahi, e like me kā ke Akua i kala mai ai i ko ʻoukou ma o Kristo lā.

—ʻEPESO 4: 31–32

Sunflower field, Oʻahu

West Maui Mountains

MAHALO
Thanks & Gratitude

Shout joyfully to the LORD, all the earth.

Serve the LORD with gladness;
Come before Him with joyful singing.

Know that the LORD Himself is God;
It is He who has made us, and not we ourselves;
We are His people and the sheep of His pasture.

Enter His gates with thanksgiving
And His courts with praise.
Give thanks to Him, bless His name.

—PSALM 100: 1-4

E hoʻōho ʻoliʻoli ʻoukou, iā Iēhova, e nā ʻāina a pau.

E mālama iā Iēhova me ka hauʻoli;
E hele aku i mua ona me ka ʻoli ʻana.

E ʻike hoʻi ʻoukou, ʻo Iēhova, ʻo ia nō ke Akua,
Nāna kākou i hana, ʻaʻole na kākou iho;
ʻO kona poʻe kānaka hoʻi kākou,
A me nā hipa āna i hānai ai.

E komo ʻoukou i loko o kona ʻīpuka me ka mililani,
A i loko hoʻi o kona kahua me ka halelū;
E mililani aku iā ia, a e hoʻomaikaʻi aku hoʻi i kona inoa.

—HALELŪ 100: 1-4

ʻFrom them will proceed thanksgiving
And the voice of those who celebrate;
And I will multiply them and they will not
be diminished;
I will also honor them and they will not
be insignificant.

—JEREMIAH 30: 19

ʻA mai loko aku o ia e puka aku ai ka
hoʻomaikaʻi,
A me ka leo o ka poʻe ʻoliʻoli;
A e hoʻomāhuahua wau iā lākou, ʻaʻole
lākou e lilo i ʻuʻuku,
A e hoʻonani wau iā lākou, ʻaʻole lākou e
liʻiliʻi ana.

—IEREMIA 30: 19

Hanauma Bay, Oʻahu

And every created thing which is in heaven and on the earth and under the earth and on the sea, and all things in them, I heard saying, "To Him who sits on the throne, and to the Lamb, be blessing and honor and glory and dominion forever and ever."

—REVELATION 5: 13

A lohe akula au i nā mea a pau ma ka lani, a ma ka honua, a ma lalo iho o ka honua, a me nā mea a pau ma ka moana, a ma loko o ia mau mea, e ʻōlelo ana,
"No ka Mea e noho ana ma ka noho aliʻi, no ke Keiki Hipa hoʻi,
Ka hoʻomaikaʻi ʻia a me ka nani, a me ka hanohano, a me ka ikaika, ia ao aku, ia ao aku."

—HŌʻIKE ʻANA 5: 13

Bamboo Forest, Maui

Therefore, since we receive a kingdom which cannot be shaken, let us show gratitude, by which we may offer to God an acceptable service with reverence and awe.

—HEBREWS 12: 28

No laila, i ka loaʻa ʻana iā kākou ke aupuni e hoʻonāueue ʻole ʻia, e hoʻopaʻa kākou i ke aloha, ka mea e pono ai ko kākou mālama ʻana i ke Akua, me ka mahalo, a me ka weliweli pono.

—HEBERA 12: 28

See that no one repays another with evil for evil, but always seek after that which is good for one another and for all people.

Rejoice always;

pray without ceasing;

in everything give thanks; for this is God's will for you in Christ Jesus.

—1 THESSALONIANS 5: 15–18

E mālama hoʻi, i hoʻihoʻi ʻole aku kekahi i ka hewa no ka hewa i kekahi; e hahai mau ʻoukou i ka pono i waena o ʻoukou a me nā kānaka a pau.

E hauʻoli mau loa.

E pule hoʻōki ʻole.

Ma nā mea a pau e hoʻomaikaʻi aku ai; no ka mea, ʻo ia ko ke Akua manaʻo i loko o Kristo Iesū iā ʻoukou.

—TESALONIKE I 5: 15–18

You are my God, and I give thanks to You;
You are my God, I extol You.

Give thanks to the LORD, for He is good;
For His lovingkindness is everlasting.

—PSALM 118: 28–29

ʻO ʻoe nō koʻu Akua, e mililani aku au iā ʻoe;
ʻO koʻu Akua nō, e hāpai aku au iā ʻoe.

E mililani aku iā Iēhova; no ka mea, ua maikaʻi ʻo ia;
Ua mau loa hoʻi kona lokomaikaʻi.

—HALELŪ 118: 28–29

I will give thanks to You, O Lord my God,
with all my heart,
And will glorify Your name forever.

—PSALM 86: 12

E hoʻoleʻa aku nō au iā ʻoe, e ka Haku, koʻu
Akua, me koʻu naʻau a pau;
A e hoʻonani mau loa aku i kou inoa.

—HALELŪ 86: 12

Therefore as you have received Christ Jesus the Lord, *so* walk in Him,

having been firmly rooted *and* now being built up in Him and established in your faith, just as you were instructed, *and* overflowing with gratitude.

—COLOSSIANS 2: 6–7

No laila hoʻi, no ka loaʻa ʻana mai o Kristo iā ʻoukou, e hele ʻoukou i loko ona;

i hoʻokumu ʻia, a i hoʻokūkulu ʻia i loko ona, a me ka hoʻomau ʻia i ka manaʻoʻiʻo i hōʻike ʻia mai iā ʻoukou, a ma laila e hoʻomāhuahua aʻe ia me ka hoʻomaikaʻi aku.

—KOLOSA 2: 6–7

Hanalei Bay and Pier, Kauaʻi

North Shore, Oʻahu

NATURE

"For the earth will be filled
With the knowledge of the glory of the
LORD,
As the waters cover the sea."

—HABAKKUK 2: 14

"No ka mea, e hoʻopiha ʻia ka honua
I ka ʻike i ka nani o Iēhova,
E like me nā wai i hoʻopiha ai i nā moana."

—HABAKUKA 2: 14

Seabirds, North Shore, O'ahu

"But now ask the beasts, and let them teach you;
And the birds of the heavens, and let them tell you.

Or speak to the earth, and let it teach you;
And let the fish of the sea declare to you.

Who among all these does not know
That the hand of the LORD has done this,

In whose hand is the life of every living thing, And the breath of all mankind?"

—JOB 12: 7–10

"Akā, ʻānō e nīnau i nā holoholona, a e aʻo mai lākou iā ʻoe;
A me nā manu o ka lewa, a e hōʻike mai lākou iā ʻoe;

E ʻōlelo aku paha i ka honua, a e aʻo mai nō ia iā ʻoe;
A ʻo nā iʻa o ke kai e hoʻākāka mai nō lākou iā ʻoe.

ʻO wai lā ka mea ʻike ʻole i kēia mau mea a pau,
Na ka lima o Iēhova i hana kēia?

I loko o kona lima ka ʻuhane o nā mea ola a pau,
A me ka hanu o nā kānaka a pau."

—IOBA 12: 7–10

For by Him all things were created, *both* in the heavens and on earth, visible and invisible, whether thrones or dominions or rulers or authorities—all things have been created through Him and for Him.

—COLOSSIANS 1: 16

No ka mea, ua hana ʻia e ia nā mea a pau, ʻo ko ka lani a me ko ka honua, i nānā ʻia, a i nānā ʻole ʻia, ʻo nā noho aliʻi, ʻo nā haku, ʻo nā luna, a me nā aliʻi; ua hana ʻia nā mea a pau ma ona lā, a nona nō hoʻi.

—KOLOSA 1: 16

On the glorious splendor of Your majesty
And on Your wonderful works, I will meditate.

—PSALM 145: 5

E hōʻike aku nō wau i ka nani ʻihiʻihi o kou hanohano,
A me nā mea o kāu mau hana kupanaha.

—HALELŪ 145: 5

When I consider Your heavens, the work
of Your fingers,
The moon and the stars, which You have
ordained;

What is man that You take thought of him,
And the son of man that You care for him?

—PSALM 8: 3–4

I koʻu manaʻo ʻana aku i kou mau lani, ka
hana o kou mau lima,
I ka mahina a me nā hōkū āu i
hoʻoponopono mai ai;

He aha ke kanaka i manaʻo mai ai ʻoe iā ia?
A ʻo ke keiki a ke kanaka hoʻi i ʻike mai ai
ʻoe iā ia?

—HALEŪ 8: 3–4

Lift up your eyes on high
And see who has created these *stars*,
The One who leads forth their host by
number,
He calls them all by name;
Because of the greatness of His might and
the strength of *His* power,
Not one *of them* is missing.

—ISAIAH 40: 26

E ʻalawa aʻe i ko ʻoukou mau maka i luna,
E nānā hoʻi i ka Mea nāna i hana i kēlā
mau mea,
Alakaʻi aku nō ʻo ia i ko lākou lehulehu a
pau ma ka helu ʻana.
Hea aku nō ʻo ia iā lākou a pau ma ka inoa,
No ka nui loa o kona mana, a me ka mana
loa o kona ikaika;
ʻAʻohe mea o lākou i nalowale.

—ʻISAIA 40: 26

"You alone are the LORD.
You have made the heavens,
The heaven of heavens with all their host,
The earth and all that is on it,
The seas and all that is in them.
You give life to all of them
And the heavenly host bows down before
You."

—NEHEMIAH 9: 6

" ʻO ʻoe nō ʻo Iēhova, a ʻo ʻoe wale nō;
Nāu nō i hana ka lani,
A me ka lani o nā lani, a me ko laila mau
mea a pau,
I ka honua, a me nā mea a pau ma luna
iho ona,
I nā kai, a me nā mea a pau i loko o laila,
Nāu nō hoʻi e mālama ia mau mea a pau;
A ke hoʻomana nei ko ka lani iā ʻoe."

—NEHEMIA 9: 6

Starry Hawaiian night

Bless the LORD, O my soul!
O LORD my God, You are very great;
You are clothed with splendor and majesty,

Covering Yourself with light as with a cloak,
Stretching out heaven like a *tent* curtain.

He lays the beams of His upper chambers in the waters;
He makes the clouds His chariot;
He walks upon the wings of the wind;

E ho‘omaika‘i iā Iēhova, e ku‘u ‘uhane!
E Iēhova, e ku‘u Akua ē, ua nui loa nō ‘oe,
Ua kāhiko ‘ia nō ‘oe i ka nani a me ka hanohano.

Ua uhi ‘ia nō ‘oe i ka mālamalama me he kapa lā,
Ua hohola nō ‘oe i nā lani me he pākū lā.

Ua hana nō ‘o ia i kona mau ke‘ena ki‘eki‘e ma nā wai;
Ua kau aku nō ho‘i i nā ao ma luna i ka‘a mau nona;
A ua holoholo me nā ‘ēheu o ka makani.

He makes the winds His messengers,
Flaming fire His ministers.

He established the earth upon its foundations,
So that it will not totter forever and ever.

—PSALM 104: 1–5

Ua hana ʻo ia i kona poʻe ʻelele, he makani;
A i kona poʻe kāhuna hoʻi, he lapalapa ahi;

Ua hoʻopaʻa ʻo ia i ka honua ma luna o kona kumu,
I ʻole ia e nāueue, a mau loa aku.

—HALELŪ 104: 1–5

North Shore, Oʻahu

PATIENCE

The LORD is good to those who wait for
Him,
To the person who seeks Him.

It is good that he waits silently
For the salvation of the LORD.

—LAMENTATIONS 3: 25-26

Ua maikaʻi ʻo Iēhova i ka poʻe kakali iā ia,
I ka ʻuhane hoʻi i ʻimi aku iā ia.

He mea maikaʻi ke lana ka manaʻo, no ka
hoʻōla ʻia mai e Iēhova, me ka ʻekemu ʻole
hoʻi.

—KE KANIKAU 3: 25-26

My soul, wait in silence for God only,
For my hope is from Him.

He only is my rock and my salvation,
My stronghold; I shall not be shaken.

—**PSALM 62: 5-6**

E kuʻu ʻuhane, e hilinaʻi aku ʻoe i ke Akua wale nō;
No ka mea, nona mai kaʻu mea e kali nei.

ʻO ia wale nō koʻu pōhaku a me kuʻu ola;
ʻO ia hoʻi koʻu wahi e malu ai, ʻaʻole au e kūlanalana.

—**HALELŪ 62: 5-6**

Wait for the LORD and keep His way,
And He will exalt you to inherit the land;
When the wicked are cut off, you will see it.

—PSALM 37: 34

E hilinaʻi aku iā Iēhova, a e mālama i kona ʻaoʻao;
A e hoʻokiʻekiʻe ʻo ia iā ʻoe e komo i ka ʻāina;
Aia ʻoki ʻia ka poʻe hewa, e ʻike aku nō ʻoe ia.

—HALELŪ 37: 34

Monk seal on Molokaʻi

The Lord is not slow about His promise, as some count slowness, but is patient toward you, not wishing for any to perish but for all to come to repentance.

—2 PETER 3: 9

Aʻole e hoʻokaʻulua ka Haku ma ka mea āna i ʻōlelo mai ai, e like me kā kekahi poʻe i manaʻo mai ai i ka lohi; akā, ua ahonui mai ʻo ia iā kākou; ʻaʻole makemake ʻo ia e make kekahi; akā, e hoʻi mai nā kānaka a pau i ka mihi.

—PETERO II 3: 9

Rest in the LORD and wait patiently for
Him;
Do not fret because of him who prospers
in his way,
Because of the man who carries out
wicked schemes.

Cease from anger and forsake wrath;
Do not fret; *it leads* only to evildoing.

For evildoers will be cut off,
But those who wait for the LORD, they
will inherit the land.

—PSALM 37: 7–9

E noho mālie iā Iēhova, a e kali ahonui iā
ia;
Mai noho a ukiuki no ke kanaka e poʻo
keʻokeʻo ana i kona ʻaoʻao iho,
No ke kanaka e hana ana ma nā manaʻo
hewa.

E waiho i ka huhū, e haʻalele hoʻi i ka
inaina;
Mai nauki iki e hana hewa ai.

No ka mea, e ʻoki ʻia aku ka poʻe hana
hewa;
Akā, ʻo ka poʻe manaʻolana iā Iēhova, e
loaʻa iā lākou ka honua.

—HALELŪ 37: 7–9

Hiʻilawe Falls, Waipiʻo Valley, Hawaiʻi Island

Therefore be patient, brethren, until the coming of the Lord. The farmer waits for the precious produce of the soil, being patient about it, until it gets the early and late rains.

You too be patient; strengthen your hearts, for the coming of the Lord is near.

—JAMES 5: 7–8

I nui ke aho, e nā hoahānau, a hiki mai ka Haku. Eia hoʻi, ke kakali nei ka mahi ʻai i ka hua ōhāhā o ka honua, e hoʻomanawanui ana ma ia mea a hiki mai ke kuāua mua a me ke kuāua hope.

E ahonui nō hoʻi ʻoukou, e hoʻoikaika i ko ʻoukou naʻau; no ka mea, ua kokoke mai ka hiki ʻana mai o ka Haku.

—IAKOBO 5: 7–8

Be anxious for nothing, but in everything by prayer and supplication with thanksgiving let your requests be made known to God.

And the peace of God, which surpasses all comprehension, will guard your hearts and your minds in Christ Jesus.

—PHILIPPIANS 4: 6–7

Mai manaʻo nui ʻoukou i kekahi mea; akā, i nā mea a pau e hōʻike aku i ko ʻoukou makemake i ke Akua ma ka pule, a me ka noi aku, a me ka hoʻomaikaʻi aku.

A ʻo ka maluhia o ke Akua, ka mea i ʻoi aku i ko ke kanaka manaʻo a pau, e hoʻomalu mai i ko ʻoukou naʻau a me ko ʻoukou manaʻo ma o Kristo Iesū lā.

—PHILIPPIANS 4: 6–7

The end of a matter is better than its
  beginning;
Patience of spirit is better than
  haughtiness of spirit.

Do not be eager in your heart to be angry,
For anger resides in the bosom of fools.

—ECCLESIASTES 7: 8–9

Ua ʻoi aku ka maikaʻi o ka hope o kekahi
  mea ma mua o ka hoʻomaka ʻana;
A ʻo ka mea naʻau hoʻomanawanui ma mua
  o ka mea hoʻokiʻekiʻe.

Mai wikiwiki kou naʻau, e huhū aku;
No ka mea, ʻo ka huhū, aia nō ia ma ka
  naʻau o ka poʻe naʻaupō.

—KE KAHUNA 7: 8–9

Oneloa Beach pathway, Maui

PONO

Good ❧ Moral ❧ Righteous ❧ Fair ❧ Just

"Then THE RIGHTEOUS WILL SHINE FORTH AS THE SUN in the kingdom of their Father. He who has ears, let him hear."

—MATTHEW 13: 43

"A laila E LILELILE A'E KA PO'E PONO E LIKE ME KA LĀ i loko o ke aupuni o ko lākou Makua. 'O ka mea pepeiao lohe lā, e ho'olohe ia."

—MATAIO 13: 43

"For he will be like a tree planted by the water,
That extends its roots by a stream
And will not fear when the heat comes;
But its leaves will be green,
And it will not be anxious in a year of drought
Nor cease to yield fruit."

—JEREMIAH 17: 8

"E like auaneʻi ia me ka lāʻau i kanu ʻia ma nā wai,
A kupu aʻela kona mau aʻa ma kahi maʻū;
ʻAʻole hoʻi ia e ʻike i ka hiki ʻana mai o ka wela;
Akā, e uliuli nō kona lau;
A i ka makahiki wī, ʻaʻole ia e makaʻu,
ʻAʻole hoʻi e hoʻōki ʻo ia i ka hoʻohua ʻana mai i ka hua."

—IEREMIA 17: 8

"But seek first His kingdom and His righteousness, and all these things will be added to you.

So do not worry about tomorrow; for tomorrow will care for itself. Each day has enough trouble of its own."

—MATTHEW 6: 33–34

"Akā, e ʻimi ʻē ʻoukou ma mua i ke aupuni o ke Akua a me kāna pono, a e pau ua mau mea lā i ka hāʻawi ʻia mai iā ʻoukou.

No laila, mai manaʻo nui aku ʻoukou i ka mea o ka lā ʻapōpō; no ka mea, na ka lā ʻapōpō e manaʻo iho i nā mea nona iho. ʻO ka ʻino o kekahi lā ua nui ia nona iho."

—MATAIO 6: 33–34

Finally, brethren, whatever is true, whatever is honorable, whatever is right, whatever is pure, whatever is lovely, whatever is of good repute, if there is any excellence and if anything worthy of praise, dwell on these things.

—PHILIPPIANS 4: 8

Eia hoʻi, e nā hoahānau, ʻo nā mea ʻoiaʻiʻo, nā mea maikaʻi, nā mea pono, nā mea hala ʻole, nā mea lokomaikaʻi, nā mea lono maikaʻi ia; inā he mea kūpono, inā hoʻi he mea e hoʻomaikaʻi ʻia ai, e noʻonoʻo iho ʻoukou ia mau mea.

—PILIPI 4: 8

Waterfall on Hawai'i Island

Depart from evil and do good,
So you will abide forever.

For the LORD loves justice
And does not forsake His godly ones;
They are preserved forever,
But the descendants of the wicked will be
cut off.

The righteous will inherit the land
And dwell in it forever.

—PSALM 37: 27–29

E haʻalele i ka hewa, a e hana i ka pono;
A e noho mau loa aku.

No ka mea, ua makemake nō Iēhova i ka
hoʻopono ʻana;
ʻAʻole ia i haʻalele i kona poʻe haipule;
E hoʻomalu mau loa ʻia hoʻi lākou;
Akā, e ʻoki ʻia ka hua a ka poʻe hewa.

E loaʻa ka ʻāina i ka poʻe pono,
A e noho mau lākou i laila.

—HALEŪ 37: 27–29

"Thus says the LORD of hosts, 'If you will walk in My ways and if you will perform My service, then you will also govern My house and also have charge of My courts, and I will grant you free access among these who are standing *here*.'"

—ZECHARIAH 3: 7

"Penei kā Iēhova o nā kaua i ʻōlelo mai ai, ʻInā e hele ʻoe ma kuʻu mau ʻaoʻao, a e mālama hoʻi i kaʻu mau kauoha iā ʻoe, a laila ʻoe e aliʻi ai ma luna o koʻu hale, a e mālama hoʻi i nā pā hale oʻu, a e hāʻawi hoʻi au nou i nā wahi e hele ai i waena o ka poʻe e kū nei.'"

—ZEKARIA 3: 7

Ranch on Kauaʻi

The eyes of the LORD are toward the righteous
And His ears are *open* to their cry.

—PSALM 34: 15

Kau pono nā maka o Iēhova i ka poʻe pono,
A me kona mau pepeiao i ko lākou kāhea ʻana.

—HALELŪ 34: 15

Thus says the LORD,
"Preserve justice and do righteousness,
For My salvation is about to come
And My righteousness to be revealed.

How blessed is the man who does this,
And the son of man who takes hold of it;
Who keeps from profaning the sabbath,
And keeps his hand from doing any evil."

—ISAIAH 56: 1-2

Ke ʻī mai nei ʻo Iēhova penei,
"E mālama ʻoukou i ka pono, a e hana hoʻi i ka maikaʻi;
No ka mea, kokoke nō e hiki mai koʻu ola,
A me koʻu pono i ka hōʻike ʻia.

Pōmaikaʻi ke kanaka hana i kēia,
A me ke keiki a ke kanaka i hoʻopaʻa iho ia mea;
Ka mea mālama i ka lā Sābati, ʻaʻole hoʻohaumia ia,
Ka mea mālama i kona lima, ʻaʻole hana i kekahi mea hewa."

—ʻISAIA 56: 1-2

Jesus *said to him, "I am the way, and the truth, and the life; no one comes to the Father but through Me."

—JOHN 14: 6

ʻŌlelo maila ʻo Iesū iā ia, "ʻO wau nō ke ala, a me ka ʻoiaʻiʻo, a me ke ola; ʻaʻole kekahi e hiki i ka Makua, ke hele ʻole ia ma oʻu nei."

—IOANE 14: 6

"Learn to do good;
Seek justice,
Reprove the ruthless,
Defend the orphan,
Plead for the widow."

—ISAIAH 1: 17

"E aʻo i ka hana maikaʻi,
E ʻimi i ka hoʻopono,
E alakaʻi pololei i ka mea i hoʻokaumaha ʻia;
E hoʻopono i nā keiki makua ʻole,
E kōkua i ka wahine kāne make."

—ʻISAIA 1: 17

Bamboo forest, Hāna, Maui

PRAISE

Praise the LORD!
Praise the LORD from the heavens;
Praise Him in the heights!

Praise Him, all His angels;
Praise Him, all His hosts!

Praise Him, sun and moon;
Praise Him, all stars of light!

—PSALM 148: 1–3

E halelū aku ʻoukou iā Iēhova!
E halelū aku ʻoukou iā Iēhova, e nā mea mai ka lani mai;
E halelū aku iā ia ma nā wahi kiʻekiʻe!

E halelū aku iā ia, e kona poʻe ʻānela a pau;
E halelū aku ʻoukou iā ia, e kona mau kaua a pau!

E halelū aku iā ia, e ka lā, a me ka mahina;
E halelū aku iā ia, e nā hōkū mālamalama a pau!

—HALELŪ 148: 1–3

Volcanic landscape at Haleakalā, The House of the Sun, Maui

Let the word of Christ richly dwell within you, with all wisdom teaching and admonishing one another with psalms *and* hymns *and* spiritual songs, singing with thankfulness in your hearts to God.

—COLOSSIANS 3: 16

They who dwell in the ends *of the earth*
  stand in awe of Your signs;
You make the dawn and the sunset shout
  for joy.

You visit the earth and cause it to
  overflow;
You greatly enrich it;
The stream of God is full of water;
You prepare their grain, for thus You
  prepare the earth.

You water its furrows abundantly,
You settle its ridges,
You soften it with showers,
You bless its growth.

—PSALM 65: 8–10

A e noho lako mai ka ʻōlelo a Kristo i loko o ʻoukou, me ka naʻauao loa; e aʻo ana a e hoʻonaʻauao ana hoʻi kekahi i kekahi i nā halelū, a me nā hīmeni, a me nā mele ma ka ʻUhane, e ʻoli ana i ka Haku me ka maikaʻi i loko o ko ʻoukou naʻau.

—KOLOSA 3: 16

ʻO ka poʻe e noho ana ma kahi lōʻihi loa
  aku, ua makaʻu nō i kou mau hōʻailona;
Ke hauʻoli mai nei ʻoe i nā puka ʻana o ke
  kakahiaka a me ke ahiahi.

Ke kipa mai nei ʻoe i ka honua, a hoʻopiha
  iā ia a hū i waho;
Ke hoʻonui wale nei ʻoe i kona waiwai me
  ko ke Akua kahawai i piha i ka wai;
Ke hoʻomākaukau nei ʻoe i palaoa na lākou,
No ka mea, pēlā nō ʻoe i hoʻoponopono ai
  ia.

Ke hoʻohāinu nui mai nei ʻoe i kona mau
  lapalapa;
Me ka hoʻomāniania i kona mau kaha;
Ke hoʻopalupalu mai nei ʻoe iā ia me nā ua;
A ʻo kona ulu ʻana aʻe kāu e hoʻomaikaʻi nei.

—HALELŪ 65: 8–10

Mount Waiʻaleʻale, Kauaʻi

Torch ginger

Praise the LORD!
Praise God in His sanctuary;
Praise Him in His mighty expanse.

Praise Him for His mighty deeds;
Praise Him according to His excellent greatness.

Praise Him with trumpet sound;
Praise Him with harp and lyre.

Praise Him with timbrel and dancing;
Praise Him with stringed instruments and pipe.

Praise Him with loud cymbals;
Praise Him with resounding cymbals.

Let everything that has breath praise the LORD.
Praise the LORD!

—PSALM 150: 1–6

E halelū aku ʻoukou iā Iēhova!
E halelū aku i ke Akua, ma kona wahi hoʻāno;
E halelū aku iā ia, ma ke aouli o kona hanohano.

E halelū aku iā ia, no kāna mau hana mana;
E halelū aku iā ia, e like me ka manomano o kona nui;

E halelū aku iā ia, me ke kani ʻana o ka pū;
E halelū aku iā ia, me ka viola ʻumi a me ka lira;

E halelū aku iā ia, me ka pahu kani, a me ka haʻa ʻana;
E halelū aku iā ia, me ka pahu kaula, a me ka ʻohe.

E halelū aku iā ia, me nā kimebala kani nui;
E halelū aku iā ia, me nā kimebala kani kiʻekiʻe.

E halelū aku iā Iēhova, nā mea hanu a pau;
E halelū aku ʻoukou iā Iēhova!

—HALELŪ 150: 1–6

Praise the LORD in song, for He has done excellent things;
Let this be known throughout the earth.

—ISAIAH 12: 5

E ʻoli aku iā Iēhova; no ka mea, ua hana ʻo ia i nā mea nani;
He mea ʻikea kēia ma ka honua a pau.

—ʻISAIA 12: 5

Let the sea roar and all it contains,
The world and those who dwell in it.

Let the rivers clap their hands,
Let the mountains sing together for joy

—PSALM 98: 7–8

E halulu mai hoʻi ka moana, a me kona mea e piha ai
ʻO kēia ao kekahi, a me ka poʻe e noho lā ma loko.

E paʻipaʻi nā muliwai i nā lima;
E hauʻoli pū hoʻi nā mauna

—HALELŪ 98: 7–8

North Shore, Oʻahu

Let heaven and earth praise Him,
The seas and everything that moves in
them.

—**PSALM 69: 34**

E hoʻomaikaʻi ka lani a me ka honua iā ia;
ʻO nā kai, a me nā mea a pau e holo ana
ma loko o laila.

—**HALELŪ 69: 34**

Waterfall on the road to Hāna, Maui

RENEWAL

Waimea Bay, O'ahu

Let us draw near with a sincere heart in full assurance of faith, having our hearts sprinkled *clean* from an evil conscience and our bodies washed with pure water.

—HEBREWS 10: 22

E hoʻokokoke kākou me ka maopopo loa o ka manaʻoʻiʻo, a me ka naʻau ʻoiaʻiʻo, me ka huikala ʻia ʻo ko kākou naʻau kaumaha i ka hewa, a me ka holoi ʻia ʻo ko kākou kino me ka wai maʻemaʻe.

—HEBERA 10: 22

Therefore we do not lose heart, but though our outer man is decaying, yet our inner man is being renewed day by day.

For momentary, light affliction is producing for us an eternal weight of glory far beyond all comparison,

while we look not at the things which are seen, but at the things which are not seen; for the things which are seen are temporal, but the things which are not seen are eternal.

—2 CORINTHIANS 4: 16-18

No ia mea, ʻaʻole o mākou manakā; akā, inā paha ua nāwaliwali iho ko mākou kino ma waho, ua hoʻoikaika mau ʻia nō naʻe ko loko, i kēlā lā i kēia lā.

No ka mea, ʻo ko mākou hōʻino ʻuʻuku pōkole wale ʻia nō, ke hana mai nei nō ia i ka nani nui mau loa no mākou;

i ko mākou manaʻo ʻole ʻana i nā mea i ʻike maka ʻia, i nā mea nō i ʻike maka ʻole ʻia; no ka mea, he pōkole nā mea i ʻike maka ʻia; akā, he mau loa nā mea i ʻike maka ʻole ʻia.

—KORINETO II 4: 16-18

Therefore if anyone is in Christ, *he* is a new creature; the old things passed away; behold, new things have come.

—2 CORINTHIANS 5: 17

No ia mea, inā i loko o Kristo kekahi kanaka, he mea hou ʻo ia; ua hala akula nā mea kahiko; aia hoʻi, ua ʻano hou aʻela nā mea a pau.

—KORINETO II 5: 17

"And I will give them one heart, and put a new spirit within them. And I will take the heart of stone out of their flesh and give them a heart of flesh."

—EZEKIEL 11: 19

"A e hāʻawi aku au iā lākou i ka naʻau hoʻokahi, e hāʻawi hoʻi au i ʻuhane hou i loko o ʻoukou, a e lawe aku au i ka naʻau pōhaku mai loko aku o kā lākou ʻiʻo, a e hāʻawi aku au i ka naʻau ʻiʻo iā lākou."

—ʻEZEKIʻELA 11: 19

Create in me a clean heart, O God,
And renew a steadfast spirit within me.

Do not cast me away from Your presence
And do not take Your Holy Spirit from me.

Restore to me the joy of Your salvation
And sustain me with a willing spirit.

—PSALM 51: 10–12

E hāʻawi mai i naʻau maʻemaʻe noʻu, e keAkua;
E hana hou mai hoʻi i ʻuhane kūpono i loko oʻu.

Mai kiola aʻe ʻoe iaʻu mai kou alo aʻe;
ʻAʻole hoʻi e lawe aku i kou ʻUhane Hemolele mai oʻu aku nei.

E hoʻihoʻi mai iaʻu i ka hauʻoli no kou ola;
A e kōkua mai iaʻu me kou ʻuhane lokomaikaʻi.

—HALELŪ 51: 10–12

He saved us, not on the basis of deeds which we have done in righteousness, but according to His mercy, by the washing of regeneration and renewing by the Holy Spirit,

whom He poured out upon us richly through Jesus Christ our Savior.

—TITUS 3: 5–6

ʻAaʻole no nā hana pono a kākou i hana ai; akā, ma kona aloha wale, ua hoʻōla ʻo ia iā kākou, ma ka holoi hoʻohānau hou ʻana, a ma ka hana hou ʻia e ka ʻUhane Hemolele,

āna i ninini nui mai ai ma luna iho o kākou, ma o Iesū Kristo lā ʻo ko kākou Ola.

—TITO 3: 5–6

Plumeria

Therefore, having these promises, beloved, let us cleanse ourselves from all defilement of flesh and spirit, perfecting holiness in the fear of God.

—2 CORINTHIANS 7: 1

No ia hoʻi, e ka poʻe i aloha ʻia, no ka loaʻa ʻana mai iā kākou o nēia mau ʻōlelo hoʻopōmaikaʻi, e hoʻomaʻemaʻe kākou iā kākou iho i nā mea paumāʻele a pau o ke kino a me ka ʻuhane, e hoʻopaʻa ana hoʻi i ka maikaʻi ma ka makaʻu i ke Akua.

—KORINETO II 7: 1

Curtain of rain off the coast of Maui

ABOUT KA BAIBALA HEMOLELE

Aloha nui e nā makamaka a me nā hoahānau i loko o Kristo Iesū. Mai Kinohi o ka lani a me ka honua a hiki loa aku i ka Hōʻike ʻAna o ko kākou Haku e ola ai, ka ʻAlepa a me ka ʻOmega, ka Mua a me ka Hope, ke Kumu a me ka Wēlau, ka Mea e noho ana, ka Mea ma mua hoʻi, ʻo ka Mea e hiki mai ana nō, ʻo ka Mea Mana Loa ia ao aku, ia ao aku. Ke aloha, ke ahonui, a me ka maluhia mai ke Akua mai ʻo ko kākou Makua, a me Iesū Kristo ko kākou Haku, aloha nō.

On October 23, 1819, nearly two hundred years ago, New England missionaries set sail for these islands of Hawaiʻi to preach the Gospel of Jesus Christ. Eight missionary scholars: the Reverends William Richards (Rikeke), Asa Thurston (Kakina), Hiram Bingham (Binamu), Artemas Bishop (Bihopa), Jonathan Green (Kerina), Lorrin Andrews (Aneru), Ephraim Clark (Kalaka), and Sheldon Dibble (Dibela), and their native Hawaiian counterparts, among whom were: John Papa Ii, David Malo, Hoapili kane, Kuakini, Samuel M. Kamakau, Thomas Hopu, and Kelou Kamakau, labored for fifteen years to produce *Ka Palapala Hemolele*, the first Bible in the Hawaiian language, faithfully translated from the original Hebrew (Old Testament) and Greek (New Testament). Shortly after the translation was completed in 1839, work began on a revision which was published under the same title in 1843. A major revision was completed by Rev. Ephraim Clark and his committee and published in 1868 as *Ka Baibala Hemolele* and is the text most readers are familiar with today.

The 2012 edition of *Ka Baibala Hemolele* was the first Hawaiian Bible printed in the modern Hawaiian orthography, which includes ʻokina and kahakō. The work was done in accordance with 1) Mary Kawena Pukui and Samuel H. Elbert's *Hawaiian Dictionary*; 2) Rev. Lorrin Andrews' *A Dictionary of the Hawaiian Language*; 3) Rev. Henry Hodges Parker's revision of the latter, known as the Parker Dictionary; 4) Rev. Harvey Rexford Hitchcock's *An English Hawaiian Dictionary*; 5) Rev. Ephraim Clark's *He Buke Wehewehe Huaʻōlelo Hawaiʻi*; and 6) the 1978 document entitled *ʻAhahui ʻŌlelo Hawaiʻi Spelling Committee Recommendations*. Notably, compound words were either joined together or un-joined, apostrophized contractions were un-contracted, and printing, type-setting and verified spelling errors were corrected.

In 2014 the first bilingual Baibala in the modern orthography was published as *Ke Kauoha Hou me Ka Buke o Nā Halelū a me Nā ʻŌlelo Akamai a Solomona*. In this revision of the New Testament, Psalms, and Proverbs, quotation marks were added to the Hawaiian text for greater clarity and comprehension. Additional changes included the removal of *w* from what are commonly called w-glide words as recommended by the ʻAhahui ʻŌlelo Hawaiʻi; for example: *auwē* (alas!) in previous Baibala was respelled *auē*. Capitalization was added to titles of the Godhead. Therefore: ke Akua Kiʻekiʻe Loa (Most High God), ka Mea Ola (Savior), and ka Mea Mana Loa (the Almighty).

Soon after the 2014 publication, the same revision work was begun on the Old Testament books for this current edition. In addition to the changes mentioned above, the reader will notice that certain sections of the New Testament are in small caps, indicating an Old Testament quotation or reference to an Old Testament passage. Capitals have been added to specific feasts and places; for example: ʻahaʻaina mōliaola (Feast of the Passover) is ʻAhaʻaina Mōliaola and kai make (Dead Sea) is Kai Make. A determined effort was made to ensure consistency of vocabulary, however if a variant can be found in the Pukui-Elbert *Hawaiian Dictionary* or Andrews' *A Dictionary of the Hawaiian Language* it was left untouched. As always, faithfulness to the original text and accurate scholarship were of utmost importance during the revision process.

Readers are invited to view the ongoing work of Partners In Development Foundation's Hawaiian Bible Project at www.Baibala.org. Here one can access digital images of every page of the 1839 *Ka Palapala Hemolele*, 1868 *Ka Baibala Hemolele*, and 1994 *Ka Baibala Hemolele*, as well as searchable text of all the Baibala, including text in the modern Hawaiian orthography. The comparison feature on the site allows one to view any or all of the various Hawaiian Bibles side by side to detect differences, and a streaming audio track is provided to aid in correct pronunciation.

After the first printing of *Ka Palapala Hemolele* Hiram Bingham exclaimed, "We are happy. The Hawaiian translation of the Bible, the labor of a number of hands during a period of fifteen years, is a good translation, giving in general a forcible and lucid exhibition of the revealed will of God; a translation highly acceptable to the best native scholars, and one which all evangelical Christians can patronize and use with confidence." This edition of *Ka Baibala Hemolele* remains a good and accurate translation of the Bible, suitable for teaching, preaching, memorization, study and discussion. We humbly commend it to you, to the glory of the One from whom all blessings flow.

I ke Akua akamai hoʻokahi ko kākou Mea e ola ai, nona nō ka hoʻonani ʻia, a me ka hanohano, a me ka ikaika, a me ka mana i kēia wā a i ke ao pau ʻole. ʻĀmene.

Helen Hooipoikamalanai Kaupu Kaowili
Ka Hau o Heremona, Kalihi,
Honolulu, Hawaiʻi

ABOUT THE NEW AMERICAN STANDARD BIBLE

In the history of English Bible translations, the King James Version is the most prestigious. This time-honored version of 1611, itself a revision of the Bishops' Bible of 1568, became the basis for the English Revised Version appearing in 1881 (New Testament) and 1885 (Old Testament). The American counterpart of this last work was published in 1901 as the American Standard Version. The ASV, a product of both British and American scholarship, has been highly regarded for its scholarship and accuracy. Recognizing the values of the American Standard Version, the Lockman Foundation felt an urgency to preserve these and other lasting values of the ASV by incorporating recent discoveries of Hebrew and Greek textual sources and by rendering it into more current English. Therefore, in 1959 a new translation project was launched, based on the time-honored principles of translation of the ASV and KJV. The result is the New American Standard Bible.

Translation work for the NASB was begun in 1959. In the preparation of this work numerous other translations have been consulted along with the linguistic tools and literature of biblical scholarship. Decisions about English renderings were made by consensus of a team composed of educators and pastors. Subsequently, review and evaluation by other Hebrew and Greek scholars outside the Editorial Board were sought and carefully considered.

The Editorial Board has continued to function since publication of the complete Bible in 1971. This edition of the NASB represents revisions and refinements recommended over the last several years as well as thorough research based on modern English usage.

PRINCIPLES OF TRANSLATION

MODERN ENGLISH USAGE: The attempt has been made to render the grammar and terminology in contemporary English. When it was felt that the word-for-word literalness was unacceptable to the modern reader, a change was made in the direction of a more current English idiom. In the instances where this has been done, the more literal rendering has been indicated in the notes. There are a few exceptions to this procedure. In particular, frequently "And" is not translated at the beginning of sentences because of differences in style between ancient and modern writing. Punctuation is a relatively modern invention, and ancient writers often linked most of their sentences with "and" or other connectives. Also, the Hebrew idiom "answered and said" is sometimes reduced to "answered" or "said" as demanded by the context. For current English the idiom "it came about that" has not been translated in the New Testament except when a major transition is needed.

HEBREW TEXT: In the present translation the latest edition of Rudolf Kittel's BIBLIA HEBRAICA has been employed together with the most recent light from lexicography, cognate languages, and the Dead Sea Scrolls.

HEBREW TENSES: Consecution of

tenses in Hebrew remains a puzzling factor in translation. The translators have been guided by the requirements of a literal translation, the sequence of tenses, and the immediate and broad contexts.

THE PROPER NAME OF GOD IN THE OLD TESTAMENT: In the Scriptures, the name of God is most significant and understandably so. It is inconceivable to think of spiritual matters without a proper designation for the Supreme Deity. Thus the most common name for the Deity is God, a translation of the original Elohim. One of the titles for God is Lord, a translation of Adonai. There is yet another name which is particularly assigned to God as His special or proper name, that is, the four letters YHWH (Exodus 3:14 and Isaiah 42:8). This name has not been pronounced by the Jews because of reverence for the great sacredness of the divine name. Therefore, it has been consistently translated LORD. The only exception to this translation of YHWH is when it occurs in immediate proximity to the word Lord, that is, Adonai. In that case it is regularly translated GOD in order to avoid confusion.

It is known that for many years YHWH as been transliterated as Yahweh, however no complete certainty attaches to this pronunciation.

GREEK TEXT: Consideration was given to the latest available manuscripts with a view to determining the best Greek text. In most instances the 26th edition of Eberhard Nestle's NOVUM TESTAMENTUM GRAECE was followed.

GREEK TENSES: A careful distinction has been made in the treatment of the Greek aorist tense (usually translated as the English past, "He did") and the Greek imperfect tense (normally rendered either as English past progressive, "He was doing"; or, if inceptive, as "He began to do" or "He started to do"; or else if customary past, as "He used to do"). "Began" is italicized if it renders an imperfect tense, in order to distinguish it from the Greek verb for "begin." In some contexts the difference between the Greek imperfect and the English past is conveyed better by the choice of vocabulary or by other words in the context, and in such cases the Greek imperfect may be rendered as a simple past tense (e.g. "had an illness for many years" would be preferable to "was having an illness for many years" and would be understood in the same way).

On the other hand, not all aorists have been rendered as English pasts ("He did"), for some of them are clearly to be rendered as English perfects ("He has done"), or even as past perfects ("He had done"), judging from the context in which they occur. Such aorists have been rendered as perfects or past perfects in this translation.

As for the distinction between aorist and present imperatives, the translators have usually rendered these imperatives in the customary manner, rather than attempting any such fine distinction as "Begin to do!" (for the aorist imperative), or, "Continually do!" (for the present imperative).

As for sequence of tenses, the translators took care to follow English rules rather than Greek in translating Greek presents, imperfects and aorists. Thus, where English says, "We knew that he was doing," Greek puts it, "We knew that he does"; similarly, "We knew that he had done" is the Greek, "We knew that he did."

Likewise, the English, "When he had come, they met him," is represented in Greek by: "When he came, they met him." In all cases a consistent transfer has been made from the Greek tense in the subordinate clause to the appropriate tense in English.

In the rendering of negative questions introduced by the particle *me-* (which always expects the answer "No") the wording has been altered from a mere, "Will he not do this?" to a more accurate, "He will not do this, will he?"

Editorial Board, THE LOCKMAN FOUNDATION

EXPLANATION OF GENERAL FORMAT

NOTES AND CROSS REFERENCES are not used in this edition.

PERSONAL PRONOUNS are capitalized when pertaining to Deity.

ITALICS are used in the text to indicate words which are not found in the original Hebrew, Aramaic, or Greek but implied by it. Italics are used in the marginal notes to signify alternate readings for the text. Roman text in the marginal alternate readings is the same as italics in the Bible text.

ALL CAPS in the New Testament are used in the text to indicate Old Testament quotations or obvious references to Old Testament texts. Variations of Old Testament wording are found in New Testament citations depending on whether the New Testament writer translated from a Hebrew text, used existing Greek or Aramaic translations, or paraphrased the material. It should be noted that modern rules for the indication of direct quotation were not used in biblical times thus the ancient writer would use exact quotations or references to quotation without specific indication of such. Also see *THE PROPER NAME OF GOD IN THE OLD TESTAMENT* under *Principles of Translation.*

ASTERISKS are used to mark verbs that are historical presents in the Greek which have been translated with an English past tense in order to conform to modern usage. The translators recognized that in some contexts the present tense seems more unexpected and unjustified to the English reader than a past tense would have been. But Greek authors frequently used the present tense for the sake of heightened vividness, thereby transporting their readers in imagination to the actual scene at the time of occurrence. However, the translators felt that it would be wise to change these historical presents to English past tenses.

All photos are from Dreamstime.com.

page 1: © The World Traveller
page 2-3: © Tomas Del Amo
page 4-5: © Iofoto
page 6-7: © Thomas Price
page 8-9: © Gilney Lima
page 10-11: © Flowersofsunny
page 12: (top) © Alexey Kamenskiy; (bottom) © Valentin Armianu
page 13: © Guido Amrein
page 14-15: © Sreejith Sankaradasa Kurup
page 16: © Steveheap
page 17: © Andre Nantel
page 18-19: © Jakkapan Jabjainai
page 20-21: © Valentin Armianu
paeg 22: © Hbuchholz
page 23: (top) © Stealthc4; (bottom) © Christian Kieffer
page 24-25: © Karen Struthers
page 26-27: © Steveheap
page 28: © Vladimiroffs
page 29: © Martinmark
page 30: (top) © Willyambradberry; (bottom left) © Tamara Adams; (bottom right) © Russ Beinder
page 32-33: © Svecchiotti
page 34: © Orionna
page 35: © Martinmark
page 36: © Wpd911
page 37: © Shane Myers
page 38: © Deborah Kolb
page 40-41: © Shane Myers
page 42-43: © Galyna Andrushko
page 44: © Vanessa Gifford
page 47: © Maomaotou
page 48-49: © Katrina Brown
page 50-51: © Shane Myers
page 52: © Martin Molcan
page 55: © Mike7777777
page 56-57: © Martin Molcan
page 58-59: © Wei Chuan Liu
page 60: © Dave Tanner
page 63: © George Burba
page 64-65: © Glenn Hartz
page 66-67: © Martinmark
page 68: © Idreamphotos
page 70-71: © Moment Of Perception Photography
page 72-73: © Svetlana Day
page 74-75: © MNStudio
page 76: © Todd Taulman
page 79: © Jason Wilde
page 80-81: © Rob Z
page 82-83: © Mike7777777
page 85: © Francesco Carucci
page 86: © MNStudio
page 89: © Jarred Decker
page 90-91: © Wendy Roberts
page 92: © Steffen Foerster
page 93: © Ondřej Prosický
page 94-95: © Salladart
page 97: © Bonita Cheshier
page 98-99: © Tomas Del Amo
page 100: © John Roman
page 101: © Mickem
page 102-103: © Agaliza
page 105: © Joshua Mcdonough
page 106-107: © Mikhail Dudarev
page 108-109: © xiaoyong
page 110: © Michael Rosa
page 112-113: © Steveheap
page 114-115: © Shane Myers
page 116-117: © Ejmilesfineart
page 118-119: © Taiga
page 120-121: © Svetlana Day
page 122-123: © Piyamas Dulmunsumphun
page 124-125: © Tara Golden
page 126-127: © Vacclav
page 128: © Ujjwalstha
page 130-131: © Irina88w
page 133: © Epicstock
page 134-135: © Kelpfish
page 137: © Gilney Lima
page 138-139: © Pierre Leclerc
page 140-141: © MNStudio
page 142: © Fathimath Sattar
page 144-145: © Svetlana Day
page 146-147: © Cocosbounty
page 148: © Andre Nantel
page 151: © Pnwnature
page 152-153: © Christian Weber
page 156: © John Santos